# AMOR Y SAZÓN

## EN TIEMPOS DE CUARENTENA

Un viaje culinario que conecta nuestras experiencias y amorosidad con los retos vividos durante la pandemia

## Pedro Mata

@pedromatav  Pedro Mata Villalba

Fotografía by Paul Council

# PRÓLOGO

Mi amor por la cocina empezó desde muy niño. Me encantaba participar en la preparación de deliciosas comidas, recibir herencias de recetas familiares, consejos de cómo adquirir los mejores ingredientes en el mercado y combinarlos de formas especiales para luego compartirlos, con mucho cariño, con amigos y familiares, queridos y extrañados.

En cada etapa de mi vida, esta motivación por descubrir nuevos ingredientes, degustar platos únicos en los lugares donde he tenido la bendición de viajar e incorporarlos a mi experiencia culinaria, ha contribuido a que mi amor por cocinar haya seguido creciendo cada día más. Compartir todo esto con mis seres amados ha sido siempre la mejor parte. ¡Me encanta cuando no queda nada en los platos!

Estos tiempos de pandemia del Covid-19, presentó un reto para todos a nivel mundial. Un llamado a cuidarnos y amarnos de una manera distinta, más personal y más comprometida. Para Paul Council, mi esposo, y para mí ha representado un momento de expresar nuestro amor, compartir nuestro espacio físico, nuestro tiempo productivo y de descanso de una forma nueva y a veces desafiante.

Mi amor por la cocina y su amor por la fotografía nos unió en este proyecto que compartimos con ustedes. Es también una invitación a acompañarnos a disfrutar estas recetas, lo que representan para nosotros, mientras nos cuidamos en casa durante estos tiempos de pandemia. Es un viaje que experimentamos a través de la cocina que nos conectó con experiencias vividas, lugares visitados e incluso aquellos que queremos visitar. ¡Muchas gracias por aceptar esta invitación!

Ya llegará el tiempo de volver a compartir y abrazar a nuestros seres queridos, visitar los lugares que queremos ir y conectarnos con la naturaleza, cultura y sabores que allí vamos a disfrutar. Mientras tanto, continuaremos cuidándonos y amándonos, esperando que todos hagamos lo mismo.

Reciban nuestra gratitud y un fuerte abrazo de apoyo, amor y sazón en estos tiempos de cuarentena.

# AGRADECIMIENTOS

Gracias Dios por estar presente en mi vida y guiarme con tanto Amor.

Paul Council, gracias por acompañarme, cuidarme y amarme. Te amo.

Gracias, Gabriela Mata por ser parte esencial de este proyecto.
¡Muchas gracias por todo!

A mis amigos Kenny Aliaga y Jacques Giraud, sin sus consejos y apoyo
no habría logrado el enfoque para terminar y hacer esto una realidad.
¡Fuerte abrazo a los dos!

A todos quienes de una forma u otra han sido parte de mi vida y de mi proceso
de crecimiento en este planeta. Gracias por las enseñanzas compartidas, las risas,
tristezas, desafíos, logros y aprendizajes. Los llevo en mi corazón hoy y siempre.

A toda la comunidad científica y todo el personal de salud en el mundo,
quienes con tanto esfuerzo, trabajo y amor nos cuidarán y guiarán
hasta superar esta pandemia. Mi gratitud está con ustedes, todos su familiares
y seres queridos.

# DEDICATORIA

A Magdalena y Bartolomé Mata, mis padres,
quienes han sido siempre el mejor ejemplo de amor en mi vida.

A Pirula (Valentina Silva) y Amanda Sánchez,
quienes me consintieron y enseñaron tanto amor en la cocina.

# ÍNDICE

## SOPAS & CREMAS

Crema de Brócoli
y Queso Cheddar ... 12

Chupe de Maíz,
Camarones y Chistorras ... 14

Crema de Champiñones ... 16

Sopa de Caraotas
(Frijoles Negros),
Pimentón Rojo y Tortillas ... 18

Crema de Espinacas ... 20

Sopa de Cebolla ... 22

Crema de Tomate ... 24

Crema de Ajo Porro y Maíz ... 26

Crema de Camarones
Estilo Thai ... 28

## CONTORNOS Y ENSALADAS

Gratén de Coliflor,
Ajo Porro y Apio ... 32

Ensalada Caprese ... 34

Guacamole ... 36

Ensalada Mixta ... 38

Risotto de Champiñones ... 40

Ensalada Griega ... 42

# PLATOS PRINCIPALES

Pechugas de Pollo
en una Salsa Picante de Miel,
Mostaza y Semillas de Sésamo   46

Ensalada de Pollo Mechado
Estilo Reina Pepiada   48

Chuletas de Cordero
en Salsa de Menta   50

Cerdo Guisado
Estilo Familia Mata   52

Barquitos de Berenjena Rellenos
con Carne Molida y Huevos   54

Chuletas de Cerdo en Salsa
de Naranja, Ron y Albahaca   56

Pinchos de Carne   58

Carne Molida para Tacos   60

Albóndigas Rellenas
en Salsa de Tomate   62

Pimentones Rellenos
con Carne Molida   64

Filet Mignon en Salsa de
Champiñones y Rábano Picante   66

Pulpo a la Plancha con
Alcaparras y Papas al Limón   68

Tomates Rellenos
con Ensalada de Atún   70

Filetes de Salmón
en Salsa Velouté de Camarones,
Alcaparras y Pimentón Rojo   72

Calamares Rebozados
con Salsa Marinara   74

Ceviche de Mero Multicolor   76

Deditos de Pescado
Rebozados con Salsa Tártara   78

Camarones en Salsa
de Leche de Coco Picante   80

Atún en Salsa
de Jengibre y Salvia   82

Bacalao en Salsa
de Ajo Porro,
Alcaparras y Hierbas   84

Salpicón de Mariscos   86

Tartar de Salmón   88

Tacos de Pescado   90

# POSTRES

Quesillo de Piña de Amanda   94

Tres Leches   96

# SOPAS
# Y CREMAS

"La sopa es a la comida
lo que la obertura es a la ópera"

Jean Anthelme Brillant-Savarin - 1826

# CREMA DE BRÓCOLI Y QUESO CHEDDAR

Esta es una de las cremas más deliciosas entre las cremas clásicas americanas, contiene un sabor acogedor. Una forma maravillosa de celebrar estar en "La tierra de los libres y en el hogar de los valientes."

**4** PORCIONES     **15**min TIEMPO DE PREPARACIÓN     **25**min TIEMPO DE COCCIÓN

## Ingredientes

1 taza de cebolla morada picada en dados (cebolla amarilla o blanca funciona como substituto)

280 g (10 oz) de floretes de brócoli

250 g (1/2 lb) de queso cheddar rallado

2 tazas de caldo de pollo (caldo de vegetales funciona como substituto)

3 tazas de agua

1/2 taza de crema de leche

3 cdas. de fécula de maíz

2 cdas. de mantequilla

Sal

Pimienta negra molida (pimienta blanca molida funciona como substituto)

## Preparación

**1** En una olla sopera mediana sobre fuego medio, colocar la mantequilla a derretir y añadir un chorrito de aceite de oliva (aceite vegetal funciona como substituto). Añadir la cebolla cortada en dados y 1/2 cdta. de sal, sofreír por 2 minutos con una cuchara de madera, hasta transparentar. Añadir el caldo de pollo, el agua y los floretes de brócoli. Dejar que la sopa empiece a hervir, tapar la olla y cocinar por 7 minutos. Apagar la fuente de calor.

**2** Licuar la crema usando una licuadora convencional o una de mano. Asegurarse que no queden pedazos de brócoli o de cebolla y que la consistencia sea homogénea.

**3** Encender la fuente de calor a un nivel medio, añadir el queso cheddar rallado, revolver la crema con una cuchara de madera para integrarlo completamente. Añadir 1/2 cdta. de sal y 1/2 cdta. de pimienta negra molida.

**4** En un envase pequeño añadir la fécula de maíz y 4 cdas. de agua a temperatura ambiente. Mezclar vigorosamente hasta que la fécula se disuelva completamente en el agua. Añadir esta mezcla a la crema y segur revolviendo hasta que engrose de manera homogénea. Añadir la crema de leche y seguir revolviendo hasta que empiece a hervir, apagar la fuente de calor. Probar la crema y añadir sal y pimienta de ser necesario. ¡A disfrutarla!

# CHUPE DE MAÍZ, CAMARONES Y CHISTORRAS

4
PORCIONES

25min
TIEMPO DE PREPARACIÓN

25min
TIEMPO DE COCCIÓN

Esta receta, una mezcla deliciosa de productos del mar y de tierra, es un símbolo de cómo al combinar la culturas, razas, procedencias e historias, se crean resultados únicos e increíbles. Para Paul y para mí, ésta ha sido nuestra experiencia como pareja, ¡y lo mejor está siempre por llegar!

## Preparación

**1** En una olla sopera mediana sobre fuego medio, colocar la mantequilla a derretir y añadir un chorrito de aceite de oliva (aceite vegetal funciona como substituto). Añadir la cebolla cortada en dados y 1/2 cdta. de sal, sofreír con una cuchara de madera por 2 minutos, hasta transparentar. Añadir los dados de chistorras y el ajo, sofreír por 3 minutos hasta dorar levemente.

**2** Añadir el caldo de camarones, el agua, dados de papas, granos de maíz y el pimentón seco molido, 1/2 cdta. de sal y 1/2 cdta. de pimienta blanca molida. Cocinar hasta hervir, tapar la olla y cocinar por 10 minutos. Cortar los camarones pelados en 2 o 3 partes (dejarlos enteros si así lo prefiera) añadirlos al chupe mientras está todavía hirviendo. Cocinar por 2.5 minutos y luego reducir la fuente de calor a un nivel bajo.

**3** En un contenedor pequeño añadir la fécula de maíz y 4 cdas. de agua a temperatura ambiente. Mezclar vigorosamente hasta disolverla completamente en el agua. Añadir esta mezcla al chupe y revolver hasta engrosar de forma homogénea. Añadir la crema de leche y el perejil, subir la fuente de calor a un niel medio y llevar la sopa hasta un hervor revolviendo continuamente. Apagar el fuego. Probar el chupe y añadir sal y pimienta de ser necesario.

**4** Para adornar, cortar en rodajas muy finas los rábanos (preferiblemente con una mandolina, sea muy cuidadoso si elige utilizar este utensilio). Corte las hojas finamente. Colocar las rodajas de los bulbos sobre el chupe, una vez se ha servido en el plato de sopa y añadir un manojo de hojas fileteadas al final. ¡Buen Apetito!

## Ingredientes

250 g (1/2 lb) de camarones crudos y pelados

250 g (1/2 lb) de maíz en granos (crudos o congelados)

250 g (1/2 lb) de chistorras picadas en dados

1/2 taza de cebolla morada picada en dados (cebolla blanca o amarilla funciona como substituto)

1/2 taza de papas rojas picadas en dados (papas blancas o amarillas funciona como substituto)

2 cdas. de mantequilla

2 dientes de ajo picados finamente

1/2 taza de crema de leche

2 tazas de agua

2 tazas de caldo de camarones (caldo de pescado, de vegetales o de pollo funciona como substituto)

1/2 cdta. de pimentón seco molido (paprika) picante (paprika dulce funciona como substituto)

3 cdas. de fécula de maíz

1 cda. de perejil fresco picado finamente (perejil seco funciona como substituto)

Sal

Pimienta blanca molida (pimienta negra molida funciona como substituto)

## Adorno

2 rábanos con sus hojas

# CREMA DE CHAMPIÑONES

Puede utilizar esa receta para crear cremas de distintos vegetales, sustituya los champiñones por espárragos, apio, ajo porro u otra variedad de vegetales que se le pueda ocurrir. La idea es utilizar nuestra creatividad para expandir nuestra amorosidad y experimentar con distintos sabores, colores y texturas.

**4**
PORCIONES

**20**min
TIEMPO DE PREPARACIÓN

**25**min
TIEMPO DE COCCIÓN

## Ingredientes

310 g (11 oz) de champiñones picados en dados

1/2 taza de cebolla morada picada en dados finos (cebolla blanca o amarilla funciona como substituto)

2 dientes de ajo picados finamente

2 tazas de caldo de pollo (caldo de vegetales funciona como substituto)

3 tazas de agua

3 cdas. de mantequilla

1/2 taza de crema de leche

3 cdas. de fécula de maíz

2 cdas. de perejil fresco picado finamente (perejil seco funcional como substituto)

1/4 cdta. de nuez moscada molida

Sal

Pimienta blanca molida (pimienta negra molida funciona como substituto)

## Preparación

**1** En una olla sopera mediana sobre fuego medio, colocar la mantequilla a derretir y añadir un chorrito de aceite de oliva (aceite vegetal funciona como substituto). Añadir la cebolla cortada en dados y 1/2 cdta. de sal, sofreír por 2 minutos con una cuchara de madera, hasta transparentar. Añadir los champiñones picados en dados y el ajo, sofreír por 4 minutos más, revolviendo ocasionalmente hasta dorar levemente.

**2** Añadir el caldo de pollo, el agua, 1/2 cdta. de sal y 1/2 cdta. de pimienta blanca molida, aumentar el fuego a un nivel medio-alto calentar hasta hervir la sopa. Tapar la olla y reducir el fuego a un nivel bajo y dejar cocinar por 8 minutos.

**3** En un contenedor pequeño añadir la fécula de maíz y 4 cdas. de agua a temperatura ambiente. Mezclar vigorosamente hasta disolverla completamente en el agua. Añadir esta mezcla a la sopa y revolver hasta engrosar de forma homogénea. Añadir la crema de leche, la nuez moscada y el perejil, aumentar la fuente de calor a un nivel medio y continuar revolviendo con una cuchara de madera hasta que la crema empiece a hervir. Apagar la fuente de calor. Probar la crema y añadir sal y pimienta de ser necesario. ¡Que la disfruten!

# SOPA DE CARAOTAS (FRIJOLES NEGROS), PIMENTÓN ROJO Y TORTILLAS

4 PORCIONES    15min TIEMPO DE PREPARACIÓN    25min TIEMPO DE COCCIÓN

Cuando publicamos las fotos de esta sopa en las redes sociales, ¡fue un gran éxito! La explosión de sabores es tan colorida al paladar, como lo es para los ojos…

## Ingredientes

1 taza de pimentón rojo cortado en dados

1 taza de cebolla morada picada en dados (cebolla amarilla o blanca funciona como substituto)

1 lata de caraotas (frijoles negros) de 443 ml (15 oz) (frijoles rojos funciona como substituto)

2 cdas. de pasta de pimentón rojo (pasta de tomate funciona como substituto)

2 tazas de caldo de pollo (caldo de vegetales funciona como substituto)

2 tazas de agua

2 cdas. de aceite de oliva extra virgen (otro tipo de aceite vegetal funciona como substituto)

2 cdas. de cilantro picado finamente (cilantro seco funcional como substituto)

1 taza de repollo crudo rallado

Chips de tortillas

2 cdtas. de salsa picante (opcional)

Sal

Pimienta negra molida (pimienta blanca molida funciona como substituto)

## Preparación

**1** En una olla sopera mediana sobre fuego medio, colocar el aceite de oliva extra virgen y calentar por 1 minuto. Añadir los dados de cebolla y 1/2 cdta. de sal, sofreír con una cuchara de madera por 2 minutos, hasta transparentar. Añadir los dados de pimentón rojo y sofreír por 2 minutos más. Añadir el contenido de la lata de caraotas (frijoles negros), sin necesidad de drenarla. Revolver y cocinar por 3 minutos.

**2** Añadir el caldo de pollo, el agua y la pasta de pimentón rojo, revolver hasta disolver, llevar todo a un hervor y tapar la olla. Reducir el nivel de temperatura a un nivel bajo y cocinar por 10 minutos, revolviendo ocasionalmente. Añadir la salsa picante, 1 cda. de cilantro, 1/2 cdta. de pimienta negra molida y 1/2 cdta. de sal. Probar la sopa y añada más sal y pimienta si fuese necesario.

**3** Para servir, añadir en un plato de sopa individual 1/4 de taza de repollo crudo rallado y un puñado de chips de tortillas trituradas con las manos (o enteras si es su preferencia). Añadir la cantidad deseada de sopa, 1/4 cda. de cilantro y unos chips de tortilla adicionales… ¡a disfrutarla!

# CREMA DE ESPINACA

Esta es mi sopa favorita, cuando era niño me encantaba imitar a mi papá añadiendo dos o tres cucharadas de arroz blanco cocinado, ¡me hacía sentir grande como él!

| 4 | 20min | 25min |
|---|---|---|
| PORCIONES | TIEMPO DE PREPARACIÓN | TIEMPO DE COCCIÓN |

## Ingredientes

150 g (5 oz) de hojas de espinaca lavadas

1 taza de cebolla morada picada en dados (cebolla blanca o amarilla funciona como substituto)

450 g (1 lb) de papas rojas (papas blancas o amarillas funcionan como substituto)

2 tazas de caldo de pollo (caldo de vegetales funciona como substituto)

3 tazas de agua

1/2 taza de crema de leche

2 cdas. de mantequilla

Sal

Pimienta negra molida (pimienta blanca molida funciona como substituto)

## Preparación

**1** En una olla sopera mediana sobre fuego medio colocar la mantequilla a derretir y añadir un chorrito de aceite de oliva extra virgen (aceite vegetal funciona como substituto). Añadir la cebolla y 1/2 cdta. de sal, sofreír revolviendo con una cuchara de madera por 2 minutos, hasta transparentar.

**2** Limpiar las papas bien y cortarlas en cuartos (la piel a las papas le añade un sabor natural a la crema, pero si prefiere puede pelarlas), añadirlas a la olla, el caldo de pollo, agua, 1/2 cdta. de sal y 1/2 cdta. de pimienta negra molida. Tapar la olla y llevar a un hervor, dejar cocinar por 10 minutos, hasta que las papas estén suaves. Apagar la fuente de calor y añadir las hojas de espinaca, empujarlas hacia abajo con la cuchara hasta sumergirlas completamente en el caldo. Tapar la olla y dejar reposar por 2 minutos.

**3** Licuar la crema en una licuadora convencional o con una licuadora de mano. Asegurarse de no dejar pedazos de papas o espinaca enteros en la crema.

**4** Encender la fuente de calor a un nivel medio y añadir la crema de leche, revolver todo, si la consistencia es muy gruesa añadir 1/4 de taza de agua. Llevar a un hervor revolviendo de vez en cuando. Apagar la fuente de calor, tapar la olla y dejar reposar por 2 minutos. Probar la crema y añadir sal y pimienta de ser necesario. ¡Buen provecho!

# SOPA DE CEBOLLA

Esta sopa eleva nuestro espíritu y brinda calor
y consentimiento a nuestros corazones y almas.
Es ideal para días fríos de invierno…

| 4 | 20min | 40min |
|---|---|---|
| PORCIONES | TIEMPO DE PREPARACIÓN | TIEMPO DE COCCIÓN |

## Preparación

**1** En una olla sopera mediana sobre fuego medio, colocar la mantequilla a derretir y añadir un chorrito de aceite de oliva extra virgen (aceite vegetal funciona como substituto). Añadir la cebolla fileteada y 1/2 cdta. de sal. Tapar la olla y cocinar por 25 minutos, revolver cada 3 minutos con una cuchara de madera. La idea es caramelizar la cebolla fileteada, evitando quemarla.

**2** Añadir el caldo de carne, el agua, ajo, perejil fresco, 1/2 cdta. de pimienta negra molida y llevar todo a un hervor. Cubrir la olla con su tapa y cocinar por 5 minutos.

**3** En un contenedor pequeño añadir la fécula de maíz y 4 cdas. de agua a temperatura ambiente. Mezclar vigorosamente hasta disolverla completamente en el agua. Añadir esta mezcla a la sopa y revolver hasta engrosar de forma homogénea. Probar la sopa y añadir sal y pimienta de ser necesario.

**4** Cortar la corteza de las rodajas de pan y posteriormente cortarlas en forma diagonal para crear dos triángulos. (Si usted lo desea, puede cortar otras formas utilizando cortadores de galletas, por ejemplo) Cubrir los trozos con una capa gruesa de queso parmesano rallado. Colocarlos en una bandeja para hornear, tostarlas en el horno a 180°C (350°F) por 5 minutos, hasta que los bordes del pan se tuesten un poco y el queso parmesano se derrita encima de las tostadas, de ser necesario extender o reducir el tiempo de cocción. Servir la sopa mientras esté caliente y colocar encima dos triángulos de pan tostado con queso. ¡Bon appétite!!!

## Ingredientes

450 g (1 lb) de cebolla morada finamente fileteada verticalmente, desde una punta a la otra, tipo "émincé" (cebolla blanca o amarilla funciona como substituto)

2 cdas. de mantequilla

2 dientes de ajo picados finamente

4 tazas de caldo de carne (caldo de pollo funciona como substituto)

2 tazas de agua

1 cda. de perejil fresco picado finamente (perejil seco funciona como substituto)

3 cdas. de fécula de maíz

4 rodajas de pan

Queso parmesano rallado

Sal

Pimienta negra molida (pimienta blanca molida funciona como substituto)

# CREMA DE TOMATE

Esta es una de las sopas favoritas de Paul. A él le encanta con dados de queso mozzarella y albahaca fresca fileteada. Él me ha dado su opinión a través de lo años, para poder hacerla mejor cada vez. Así como nos hemos mejorado mutuamente a través de nuestro amor.

| **4** | **20**min | **25**min |
|---|---|---|
| PORCIONES | TIEMPO DE PREPARACIÓN | TIEMPO DE COCCIÓN |

## Ingredientes

680 g (1.5 lb) de tomates maduros (manzano o de bola, Roma o perita)

170 g (6 oz) de pasta de tomate

1 taza de cebolla morada picada en dados (cebolla blanca o amarilla funciona como substituto)

2 tazas de caldo de pollo (caldo de vegetales funciona como substituto)

2 tazas de agua

2 cdas. de fécula de maíz

1/2 taza de crema de leche

2 cdas. de aceite de oliva extra virgen

1 cdta. de pimentón seco molido (paprika)

1/2 cda. de orégano fresco o seco

8 hojas de albahaca fresca

Sal

Pimienta negra molida (pimienta blanca molida funciona como substituto)

## Preparación

**1** Con un cuchillo bien afilado, hacer dos cortes perpendiculares en la base de los tomates. Colocarlos en una olla y llenarla de agua hasta cubrirlos completamente, colocar la olla sobre fuego a un nivel alto y cocinar hasta hervir por 1 minuto. Retirar los tomates y sumergirlos en un bowl con suficiente agua con hielo por 3 minutos. Pelarlos, retirando la piel empezando por los bordes creados en los cortes de la base. Cortarlos en cuartos y retirar las semillas. Reservar los tomates pelados y sin semillas.

**2** En una olla sopera mediana sobre fuego medio colocar el aceite de oliva extra virgen a calentar por 1 minuto. Añadir la cebolla y 1/2 cdta. de sal, sofreír con una cuchara de madera por 2 minutos, hasta transparentar. Añadir los tomates pelados y sin semillas, el caldo de pollo y el orégano, calentar hasta hervir. Tapar la olla y dejar cocinar por 5 minutos. Apagar la fuente de calor.

**3** Licuar la crema en una licuadora convencional o con una licuadora de mano. Asegurarse de no dejar trozos de tomates o cebollas dentro de la crema.

**4** Encender la fuente de calor a un nivel medio y añadir el agua, pimentón seco molido, pasta de tomate, 1/2 cdta. de sal y 1/2 cdta. de pimienta negra molida. Mezclar con la cuchara de madera para incorporar todos los ingredientes. Cocinar hasta lograr un hervor y reducir la temperatura a un nivel bajo.

**5** En un contenedor pequeño añadir la fécula de maíz y 3 cdas. de agua a temperatura ambiente. Mezclar vigorosamente hasta disolverla completamente en el agua. Añadir esta mezcla a la sopa y mezclarla hasta engrosarla de forma uniforme. Añadir la crema de leche y subir la temperatura de cocción a un nivel medio y continuar revolviendo hasta que la crema empiece a hervir, apagar el fuego. Probar la crema y añadir sal y pimienta de ser necesario. Al momento de servir cortar las hojas de albahaca en lonjas delgadas y distribuirlas equitativamente en cada porción. ¡Bon appetit!!!

# CREMA DE AJO PORRO Y MAÍZ

Lo crujiente del ajo porro y la dulzura del maíz crean esta combinación fresca y perfecta, como la mantequilla y mermelada encima de un pan tostado.

| 4 | 15 min | 25 min |
|---|---|---|
| PORCIONES | TIEMPO DE PREPARACIÓN | TIEMPO DE COCCIÓN |

## Preparación

**1** En una olla mediana sobre fuego medio colocar la mantequilla a derretir y añadir un chorrito de aceite de oliva (aceite vegetal funciona como substituto). Añadir las rodajas de ajo porro, 1/2 cdta. de sal y 1/2 cdta. de pimienta negra molida, sofreír con una cuchara de madera por 2 minutos. Añadir el caldo de pollo, agua y los granos de maíz. Tapar la olla y llevar todo a un hervor, reducir la fuente de calor a un nivel bajo y cocinar por 10 minutos.

**2** Licuar la crema en una licuadora convencional o con una licuadora de mano. Asegurarse de no dejar pedazos de ajo porro o granos de maíz enteros en la crema.

**3** En un contenedor pequeño añadir la fécula de maíz y 4 cdas. de agua a temperatura ambiente. Mezclar vigorosamente hasta disolverla completamente en el agua. Añadir esta mezcla a la sopa y revolver hasta engrosar de forma homogénea. Añadir la crema de leche, aumentar la fuente de calor a un nivel medio y continuar revolviendo con una cuchara de madera hasta que la crema empiece a hervir. Apague la fuente de calor. Probar la crema y añadir sal y pimienta de ser necesario. ¡Que la disfruten!

## Ingredientes

115 g (1/2 lb) de rodajas de ajo porro (puerros) lavadas

115 g (1/2 lb) de granos de maíz (crudos o congelados)

2 cdas. de mantequilla

1/2 taza de crema de leche

3 tazas de agua

2 tazas de caldo de pollo (caldo de vegetales funciona como substituto)

3 cdas. de fécula de maíz

Sal

Pimienta negra molida (pimienta blanca molida funciona como substituto)

# CREMA DE CAMARONES ESTILO THAI

Tailandia está en nuestra lista de lugares pendientes por visitar y también el Sudeste Asiático por completo. Amamos viajar, expandir nuestros horizontes y experimentar nuevos sabores y culturas… nuestro consejo es: ¡viajen lo que más puedan! Mientras tanto, en estos tiempos de pandemia, viajemos juntos a través de la cocina.

## Ingredientes

450 g (1 lb) de camarones crudos y pelados

1/2 taza de cebolla morada picada en dados (cebolla blanca o amarilla funciona como substituto)

225 g (1/2 lb) de champiñones picados en dados

2 dientes de ajo picados finamente

1 lata de leche de coco de 400 ml (13.5 oz)

3 tazas de caldo de camarones (caldo de pollo, de pescado o de vegetales funciona como substituto)

2 bulbos de hierba de limón (limoncillo o malojillo) picados en mitades (1 cda. de hierba de limón seca funciona como substituto)

2 cdas. de salsa picante (opcional)

2 cdas. de aceite de coco (aceite de oliva extra virgen funciona como substituto)

3 cdas. de fécula de maíz

Sal

Pimienta blanca molida (pimienta negra molida funciona como substituto)

## Preparación

1 En una olla sopera mediana sobre fuego medio colocar el aceite de coco y dejar calentar por 1 minuto, añadir los dados de cebolla y 1/2 cdta. de sal, sofreír con una cuchara de madera por 2 minutos, hasta transparentar. Añadir los dados de champiñones y el ajo, revolver con la cuchara de madera, tapar la olla y cocinar por 3 minutos revolviendo ocasionalmente.

2 Añadir el caldo de camarones, leche de coco, hierba de limón, 1/2 cdta. de sal y 1/2 cdta. de pimienta blanca molida. Llevar todo a un hervor, bajar la temperatura a un nivel medio-bajo, tapar la olla y cocinar por 5 minutos. Añadir la salsa picante (opcional) y los camarones crudos, elevar el calor de cocción a un nivel medio y esperar a que la sopa vuelva a hervir, tapar y cocinar por 2.5 minutos.

3 En un contenedor pequeño añadir la fécula de maíz y 4 cdas. de agua a temperatura ambiente. Mezclar vigorosamente hasta disolverla completamente en el agua. Añadir esta mezcla a la sopa y revolver hasta engrosar de forma homogénea, continuar revolviendo hasta que la crema empiece a hervir. Apagar la fuente de calor. Probar la crema y añadir sal y pimienta de ser necesario. ¡Que la disfruten!

# CONTORNOS Y ENSALADAS

"Los amigos son los pedacitos de tocineta
en la ensalada de la vida"

Anónimo

# GRATÉN DE COLIFLOR, AJO PORRO Y APIO

Durante la pandemia, tuve la oportunidad de tener una pequeña huerta de vegetales en nuestra terraza, donde coseché ajo porro y apio, entre otros vegetales deliciosos. ¡La creación de esta receta empezó desde que sembré las semillas!

| 4 | 20 min | 90 min |
|---|---|---|
| PORCIONES | TIEMPO DE PREPARACIÓN | TIEMPO DE COCCIÓN |

## Ingredientes

280 g (10 oz) de floretes de coliflor

280 g (10 oz) de tallos de ajo porro (puerros)

280 g (10 oz) de tallos de apio

4 cdas. de harina de trigo

4 cdas. de mantequilla

2 tazas de leche entera fría

2 tazas de queso parmesano rallado

1/4 cdta. de nuez moscada molida

Sal

Pimienta blanca molida (pimienta negra molida funciona como substituto)

## Preparación

**1** En una cacerola pequeña sobre fuego medio colocar la mantequilla a derretir y añadir un chorrito de aceite de oliva extra virgen (aceite vegetal funciona como substituto). Luego que la mantequilla esté derretida, añadir la harina de trigo y revolver con una cuchara de madera hasta crear una pasta gruesa. Añadir 4 cdas. de leche fría y revolver vigorosamente hasta integrarla, añadir 4 cdas. más de leche fría y revolver hasta integrar todo, repetir el proceso con 6 cdas. de leche fría, incrementar gradualmente el volumen de líquido hasta añadir toda la leche. La idea es crear una salsa sin grumos. Añadir la nuez moscada, 1/2 cdta. de sal y 1/2 cdta. de pimienta blanca molida. Continuar revolviendo la salsa hasta que empiece a hervir. Apagar la fuente de calor, tapar y reservar.

**2** Cortar los tallos de apio por la mitad y luego en dados, colocarlos en un bowl pequeño. Cortar los tallos de ajo porro por la mitad y luego en rodajas, colocarlos en otro bowl pequeño.

**3** Cubrir con mantequilla las superficies internas de un contenedor de vidrio refractario (Pyrex) de 25 cm x 20 cm (10'' x 8''). Colocar las rodajas de ajo porro, los dados de apio y luego los floretes de coliflor cubriendo de forma uniforme la superficie del contenedor, creando tres capas respectivamente. Espolvorear por encima 1/4 cdta. de sal y 1/4 cdta. de pimienta blanca molida. Añadir una capa gruesa de la salsa blanca encima de los vegetales, cubriéndolos uniformemente. Esparcir por encima una capa abundante de queso parmesano rallado hasta cubrir toda la superficie.

**4** Tapar el contenedor con papel de aluminio y colocarlo en el horno a 180° C (350° F) por 1 hora. Remover la tapa de papel de aluminio y hornear descubierto por 10 minutos, hasta dorar la capa superior de queso. Sacar del horno y dejar reposar por 5 minutos antes de servir.
¡A disfrutarlo!

# ENSALADA CAPRESE

Este es un ejemplo perfecto que a veces menos, es más. La clave está en usar ingredientes frescos, tomates bien maduros y usted será feliz de compartir esta ensalada como una entrada o un acompañante… ¿o quizás un tentempié a media noche?

| 4 | 15min | 0min |
|---|---|---|
| PORCIONES | TIEMPO DE PREPARACIÓN | TIEMPO DE COCCIÓN |

## Preparación

1 Cortar los tomates en mitades y cortar cada mitad en gajos gruesos, espolvorear 1/2 cdta. de sal y 1/2 cdta. de pimienta negra molida encima de todos los gajos.

2 Cortar el queso mozzarella fresco por la mitad y cortar rodajas gruesas de las mitades. Cortar las hojas de albahaca en cuatro partes.

3 Dividir los gajos de tomates, rodajas de queso mozzarella y los cuartos de hojas de albahaca en cuatro partes. Ensamblar cada porción de ensalada en capas de tomate, queso mozzarella y hojas de albahacas.

4 Rociar cada ensalada con 2 cdas. de aceite de oliva extra virgen y 1/2 cdta. de vinagre balsámico. Añadir sal y pimienta adicional de ser necesario. ¡Buen Provecho!

## Ingredientes

900 g (2 lb) de tomates manzanos o de bola (tomates Campari, Roma o perita funciona como substituto)

225 g (8 oz) de queso mozzarella fresco

16 hojas de albahaca fresca

8 cdas. de aceite de oliva extra virgen

2 cdtas. de vinagre balsámico (vinagre de vino tinto funciona como substituto)

Sal

Pimienta negra molida (pimienta blanca molida funciona como substituto)

# GUACAMOLE

El mejor Guacamole de Nueva York, según Paul.
¡Vivir en Chile cambió mi vida para siempre y para mejor!
Estoy tan agradecido por eso, desde niño a mí no me gustaba
comer aguacates, emigrar a Santiago de Chile promovió este
cambio en mí y tantos otros... ¡Los aguacates son lo máximo!

**4**
PORCIONES

**25**min
TIEMPO DE PREPARACIÓN

**0**min
TIEMPO DE COCCIÓN

## Ingredientes

3 aguacates hass maduros
de 225 g (1/2 lb) cada uno

1/2 taza de cebolla picada en dados finos
(cebolla blanca o amarilla funciona
como substituto)

1/3 taza de cebollín picado finamente

1/3 taza de pimentón picado en dados
finos (rojo o amarillo preferiblemente)

2 dientes de ajo picados finamente

2 limones verde (limón amarillo
funciona como substituto)

2 cdas. de cilantro fresco
picado finamente (cilantro seco funciona
como substituto)

4 cdas. de aceite de oliva extra virgen

1/2 cda. de salsa picante (opcional)

Sal

Pimienta blanca molida (pimienta negra
molida funciona como substituto)

## Preparación

**1** En un bowl mediano colocar la cebolla, pimentón, cebollín, ajo, cilantro
y mezclar todo junto.

**2** Cortar los aguacates por la mitad, longitudinalmente, usando un cuchillo
de chef. Girar cada mitad del aguacate, en direcciones opuestas, usando las
manos y separarlas. Retirar la semilla de la mitad que la tiene todavía, clavando
el filo del chuchillo de forma longitudinal y girándolo, la semilla deberá salir
pegada al cuchillo. Usar una cuchara de metal para retirar la pulpa del aguacate
de la cáscara de cada mitad. Colocarlas dentro del bowl junto con el resto de
los ingredientes, exprimir los limones sobre ellos, añadir el aceite de oliva extra
virgen, 1/2 cdta. de sal, 1/2 cdta. de pimienta blanca molida y la salsa picante.

**3** Triturar con un tenedor la pulpa de los aguacates apretándolos
contra el fondo del bowl, asegurándose que no queden trozos grandes.
Mezclar todos los ingredientes hasta quedar bien incorporados
y obtener la textura deseada. Si lo desea un poco más cremoso,
añadir un poco más de aceite de oliva extra virgen, si lo desea más líquido
añadir un poquito de agua. Probar el guacamole y añadir sal, pimienta
y salsa picante de ser necesario.
¡A comer!

# ENSALADA MIXTA

Fresca, saludable, colorida y deliciosa.

**4** PORCIONES  **20**min TIEMPO DE PREPARACIÓN  **0**min TIEMPO DE COCCIÓN

## Preparación

**1** Cortar la lechuga a su propio gusto y colocarla en un bowl grande, añadir los pepinos, tomates, rábanos, pimentones y corazones de palmito.

**2** Cortar el aguacate por la mitad, longitudinalmente, usando un cuchillo de chef. Girar cada mitad del aguacate, en direcciones opuestas, usando las manos y separarlas. Retirar la semilla de la mitad que la tiene todavía, clavando el filo del chuchillo de forma longitudinal y girándolo, la semilla deberá salir pegada al cuchillo. Usar una cuchara de metal para retirar la pulpa del aguacate de la cáscara de cada mitad. Cortarlas en rodajas y añadirlas a la ensalada.

**3** Añadir el pimentón seco molido, azúcar, aceite de oliva extra virgen, exprimir el limón verde encima de todos los ingredientes, añadir 1/2 cdta. de pimienta negra molida y 1/2 cdta. de sal.

**4** Utilizando 2 cucharas, mezclar los ingredientes dentro del bowl, asegurándose que queden bien incorporados. Probar la ensalada y añadir sal y pimienta de ser necesario. ¡Que la disfruten!

## Ingredientes

140 g (5 oz) de lechuga romana lavada (cualquier otro tipo de lechuga funciona como substituto)

1 taza de rodajas de pepinos gruesas, cortadas en mitades

2 tazas de gajos de tomates Campari cortados por la mitad (tomate perita o Roma funciona como substituto)

1/2 taza de rodajas finas de rábanos cortados en mitades

1/2 taza de rodajas de pimentón rojo (cualquier pimentón de otro color funciona como substituto)

1/2 taza de rodajas de corazones de palmito

1 aguacate hass maduro

1/2 cdta. de pimentón seco molido (paprika)

6 cdas. de aceite de oliva extra virgen

1 limón verde (limón amarillo funciona como substituto)

1/2 cdta. de azúcar

Sal

Pimienta negra molida (pimienta blanca molida funciona como substituto)

# RISOTTO DE CHAMPIÑONES

¡Pizza, pasta y risotto! Estos tres, para mí y para muchos, son los platos más conocidos de la increíble cocina italiana. Usted puede disfrutar esta deliciosa receta con otros vegetales o proteínas, como espárragos, calabaza, calamares, pollo o camarones, su imaginación y creatividad le guiarán hasta realizar el risotto perfecto.

| 4 | 25min | 30min |
|---|---|---|
| PORCIONES | TIEMPO DE PREPARACIÓN | TIEMPO DE COCCIÓN |

## Ingredientes

2 tazas de arroz arborio

340 g (12 oz) de champiñones blancos picados en dados (hongos bella bebé funcionan como substituto)

1 taza de cebolla morada picada en dados finos (cebolla blanca o amarilla funciona como substituto)

3 dientes de ajo picados finamente

3 cdas. de perejil fresco picado finamente (perejil seco funciona como substituto)

6 cdas. de mantequilla

3 tazas de caldo de pollo (caldo de vegetales funciona como substituto)

3 tazas de agua

1/2 taza de queso parmesano rallado

1/4 taza de aceite de oliva extra virgen

Sal

Pimienta negra molida (pimienta blanca molida funciona como substituto)

## Preparación

**1** En una olla mediana sobre fuego medio colocar 4 cdas. de mantequilla a derretir y un chorrito de aceite de oliva extra virgen (aceite vegetal funciona como substituto), añadir la cebolla picada en dados finos y 1/2 cdta. de sal, sofreír con una cuchara de madera por 2 minutos, hasta transparentar. Añadir los champiñones picados en dados, ajo y perejil, sofreír por 10 minutos, hasta que los champiñones se oscurezcan un poco.

**2** Mientras los champiñones se están cocinando, colocar una cacerola pequeña sobre fuego medio y añadir el caldo de pollo y el agua, cocinar hasta hervir. Luego que los champiñones se hayan oscurecido un poco, añadir el arroz arborio, 1/2 cdta. de sal y 1/2 cdta. de pimienta negra molida, revolver vigorosamente y mezclar todo. Añadir 1 taza de caldo caliente y revolver 2 o 3 veces para incorporar el líquido a la mezcla de arroz y champiñones. Reducir la temperatura de cocción a un nivel bajo y cocinar hasta que el nivel de líquido reduzca por debajo del nivel del arroz y los champiñones.

**3** Añadir 1/2 taza de la mezcla de caldo caliente y revolver otra vez para incorporar el líquido a la mezcla de arroz y champiñones, dejar cocinar hasta que el nivel de líquido reduzca por debajo del nivel de arroz y champiñones. Repetir este proceso hasta utilizar toda la mezcla de caldo.

**4** Añadir el queso parmesano rallado, aceite de oliva extra virgen y 2 cdas. de mantequilla. Revolver hasta que todos los ingredientes se hayan incorporado completamente, probar el risotto, añadir sal y pimienta de ser necesario. Tapar la olla y dejar reposar por 2 minutos. ¡A servirlo y disfrutarlo!!!

# ENSALADA GRIEGA

Grecia está definitivamente en nuestra lista de lugares por visitar, ambos amamos la comida griega y seguramente amaremos todo lo demás que experimentaremos allí.

| 4 | 20min | 0min |
|---|---|---|
| PORCIONES | TIEMPO DE PREPARACIÓN | TIEMPO DE COCCIÓN |

## Preparación

**1** Cortar la lechuga a su propio gusto y colocarlas en un bowl grande, añadir los pepinos, tomates, aceitunas negras, cebolla y queso feta.

**2** Añadir el sumac, aceite de oliva extra virgen, vinagre balsámico, 1/2 cdta. de pimienta negra molida y 1/2 cdta. de sal

**3** Utilizando 2 cucharas, mezclar los ingredientes dentro del bowl, asegurándose que queden bien incorporados. Probar la ensalada y añadir sal y pimienta de ser necesario. ¡Que la disfruten!

## Ingredientes

115 g (4 oz) de lechuga romana lavada (cualquier otro tipo de lechuga funciona como substituto)

2 tazas de rodajas de pepinos gruesas, cortadas en mitades

2 tazas de gajos de tomates Campari cortados por la mitad (tomate perita o Roma funciona como substituto)

1/2 taza de aceitunas Kalamata (negras) picadas en rodajas

1/4 taza de cebolla morada fileteadas (cebolla blanca o amarilla funciona como substituto)

1 taza de queso feta cortado en dados de 1.3 cm (1/2")

1/2 cdta. de sumac

6 cdas. de aceite de oliva extra virgen

3 cdas. de vinagre balsámico (vinagre rojo funciona como substituto)

Sal

Pimienta negra molida (pimienta blanca molida funciona como substituto)

# PLATOS
# PRINCIPALES

"Este es mi principal consejo a la gente:
aprende a cocinar, prueba recetas nuevas,
aprende de tus errores,
sé valiente y sobre todo diviértete."

Julia Child - 2004

# PECHUGAS DE POLLO EN SALSA PICANTE DE MIEL, MOSTAZA Y SEMILLAS DE SÉSAMO

**4** PORCIONES    **25**min TIEMPO DE PREPARACIÓN    **35**min TIEMPO DE COCCIÓN

## Ingredientes

1 kg (2 lb) de pechugas de pollo

1 taza de cebolla morada troceada (cebolla blanca o amarilla funciona como substituto)

1/2 taza de floretes de brócoli

1 taza de pimentón rojo troceado (pimentón verde o amarillo funciona como substituto)

1/2 taza de tallos de apio troceados

3 dientes de ajo picados finamente

6 cdas. de miel

3 cdas. de mostaza Dijon

1/4 taza de agua

1 cda. de semillas de sésamo

3 cdtas. de salsa picante (opcional)

1/2 cdta. de aceite de sésamo

3 cdas. de aceite de oliva extra virgen (cualquier aceite vegetal funciona como substituto)

Sal

Pimienta negra molida (pimienta blanca molida funciona como substituto)

Esta salsa dulce, agria y picante complementa perfectamente el sabor neutral del pollo. Sírvala con la receta del Gratín de Coliflor, Ajo Porro y Apio que está en este libro y disfrutarán de un verdadero festín.

## Preparación

**1** Cortar las pechugas de pollo por la mitad y luego cada mitad en 4 partes. Añadir sal y pimienta al gusto a todas las piezas y reservar en un bowl.

**2** En una sartén grande y profunda sobre fuego alto, añadir el aceite de oliva extra virgen y calentar por 1 minuto. Añadir 4 piezas de pechugas de pollo con suficiente espacio entre ellas para que los jugos no se mezclen, sellar hasta dorarlas, voltearlas y sellarlas hasta dorar el otro lado. Retirar las piezas y reservarlas en un bowl aparte. Repetir este proceso hasta dorar todas las piezas de pollo.

**3** Reducir la fuente de cocción a un nivel medio, añadir los trozos de cebolla, pimentón, apio, ajo, 1/2 cdta. de sal, 1/2 cdta. de pimienta negra molida y el aceite de sésamo. Sofreír con una cuchara de madera por 2 minutos. Añadir las piezas de pollo doradas, agua, miel, mostaza Dijon, salsa picante y semillas de sésamo. Cocinar hasta hervir, reducir la temperatura de cocción a un nivel bajo, tapar la sartén y cocinar por 12 minutos. Revolver todo con una cuchara de madera para asegurar que la consistencia de la salsa sea homogénea y se integren todos los sabores. Probar la salsa y añadir sal, pimienta y salsa picante de ser necesario. Apagar la fuente de calor y dejar reposar por 2 minutos antes de servir.
¡Buen provecho!

# ENSALADA DE POLLO MECHADO ESTILO REINA PEPIADA

Es "La Reina" de los rellenos para las arepas en mi tierra natal, Venezuela. Cada día rezo por tu libertad, justicia y recuperación de nuestra democracia…

| 4 | 2hrs 30min | 10min |
|---|---|---|
| PORCIONES | TIEMPO DE PREPARACIÓN | TIEMPO DE COCCIÓN |

## Preparación

**1** En una olla mediana sobre fuego medio colocar las pechugas de pollo y agregar agua hasta cubrirlas, añadir 1 cdta. de sal, llevar todo a un hervor, tapar la olla y cocinar por 10 minutos. Con una espumadera, colocar las pechugas en un contenedor pequeño con su tapa y colocarlo en el refrigerador por lo menos 2 horas. Reservar el caldo para otras recetas.

**2** En un bowl grande mechar o deshebrar las pechugas de pollo con las manos, añadir la cebolla y el cilantro. Cortar el aguacate por la mitad, longitudinalmente, usando un cuchillo de chef. Girar cada mitad del aguacate, en direcciones opuestas, usando las manos y separarlas. Retirar la semilla de la mitad que la tiene todavía, clavando el filo del chuchillo de forma longitudinal y girándolo, la semilla deberá salir pegada al cuchillo. Usar una cuchara de metal para retirar la pulpa del aguacate de la cáscara de cada mitad, colocarlas encima del resto de los ingredientes dentro del bowl.

**3** Exprimir los limones sobre los aguacates, añadir la mayonesa y salsa picante, 1 cdta. de sal y 1/2 cdta. de pimienta negra molida. Utilizando un tenedor triturar la carne de los aguacates e incorporar todos los ingredientes, hasta lograr una pasta con un perfil de sabor homogéneo. Probar la ensalada y añadir más sal, pimienta y salsa picante de ser necesario. ¡Estoy seguro que les va a encantar!

## Ingredientes

680 g (1.5 lb) de pechugas de pollo sin hueso

2 aguacates hass maduros de 225 g (1/2 lb) cada uno

1/2 taza de cebolla morada picada en dados finos (cebolla blanca o amarilla funciona como substituto)

4 cdas. de cilantro picadito

2 limones verdes (limón amarillo funciona como substituto)

4 cdas. de mayonesa

2 cdas. de salsa picante (opcional)

Sal

Pimienta negra molida (Pimienta blanca molida funciona como substituto)

# CHULETAS DE CORDERO EN SALSA DE MENTA

Paul y yo tenemos muchas similitudes en cuanto a comidas favoritas, siendo el cordero una de ellas. Esta receta mezcla la dulzura y frescura de la menta con el sabor característico del cordero, una perfecta combinación disfrutada por generaciones.

| 4 | 45min | 25min |
|---|---|---|
| PORCIONES | TIEMPO DE PREPARACIÓN | TIEMPO DE COCCIÓN |

### Ingredientes

1.2 kg (2.5 lb) de chuletas de cordero

1/2 taza de cebolla morada picada en dados finos (cebolla blanca o amarilla funciona como substituto)

4 cdas. de mantequilla

1 cda. de azúcar

Sal

Pimienta negra molida (pimienta blanca molida funciona como substituto)

### Para la salsa de menta

1 taza de hojas de menta fresca picada finamente (2/3 de taza de menta seca funciona como substituto)

1/2 taza de vinagre de vino blanco (vinagre de jerez o de sidra de manzana funciona como substituto)

1/4 de taza de azúcar

1/8 cdta. de sal

### Preparación

**1** En una olla pequeña sobre fuego medio, colocar el vinagre y el azúcar, revolver hasta que se disuelva completamente. Calentar hasta hervir y cocinar por 2 minutos, esto permite que se reduzca el volumen hasta crear un sirope. Apagar la fuente de calor y agregar las hojas de menta y la sal, revolver para integrar todos los ingredientes. Reservar la salsa y dejar enfriar por lo menos 20 minutos.

**2** Añadir sal y pimienta negra molida al gusto a las chuletas de cordero, justo antes de empezar la cocción de esta receta. En una sartén grande sobre fuego alto, añadir 2 cdas. de mantequilla y dejarla derretir, añadir el azúcar y revolver con una cuchara de madera hasta disolver completamente, calentar esta mezcla por 90 segundos y colocar hasta 4 chuletas de cordero en la sartén dejando suficiente espacio entre ellas para que los jugos no se mezclen, sellar por 2 minutos hasta que el fondo dore y voltearlas para dorar el otro lado sellándolas por 2 minutos más. Retirarlas de la sartén y reservarlas en un bowl aparte. Repetir este proceso hasta sellar y dorar todas las chuletas de cordero.

**3** Reducir la fuente de calor hasta un nivel medio-bajo y añadir las 2 cdas. de mantequilla restantes, la cebolla, 1/2 cdta. de sal y 1/2 cdta. de pimienta negra molida, sofreír por 2 minutos con una cuchara de madera, hasta transparentar. Colocar las chuletas de cordero de vuelta a la sartén. Añadir la salsa de menta y calentar hasta que empiece a hervir, tapar la sartén y cocinar por 3 minutos, voltear las chuletas, tapar de nuevo y cocinar por 3 minutos más. Apagar la fuente de calor.

**4** Chequear el nivel de cocción
del cordero presionando
con la punta del dedo índice
la parte superior de la carne de
una chuleta, si se siente muy suave
quiere decir que está medio cruda,
si se siente más firme, quiere decir
que está más cocinada.
A mí personalmente me gusta
un nivel medio. Si usted lo desea,
puede aumentar o reducir
el tiempo de cocción para lograr
el nivel de su preferencia.
Mantener la sartén tapada y dejar
reposar por 2 minutos antes
de servir. Probar la salsa y añadir
sal y pimienta si fuese necesario.
Añadir menta fresca justo antes
de servir.

¡A compartir y buen apetito!

# CERDO GUISADO AL ESTILO FAMILIA MATA

PORCIONES TIEMPO DE PREPARACIÓN TIEMPO DE COCCIÓN
4  1 hr  1 hr 15 min

Este guiso está inspirado en el relleno de hallacas que disfrutamos al celebrar la Navidad. Esta versión abreviada, mantiene la mezcla de sabores salado y agridulce que son tan distintivos en la cocina venezolana. Esta receta me conecta con mi familia, nuestra tradición venezolana y nuestro amor.

## Preparación

**1** Cortar el lomo de cerdo en dados de 2.5 cm (1") añadir sal y pimienta al gusto y reservar en un bowl aparte. Cortar las aceitunas y cebollitas cocktail por la mitad y reservarlas en un contenedor pequeño.

**2** En una olla grade sobre fuego medio calentar el aceite de oliva por 1 minuto. Añadir los dados de cebolla, zanahoria, apio, pimentón, 1/2 cdta. de sal y 1/2 cdta. de pimienta negra molida. Remover con una cuchara de madera, tapar la olla y dejar cocinar por 2 minutos.

**3** Añadir los dados de lomo de cerdo, las alcaparras, aceitunas rellenas, cebollitas cocktail, pasitas, mostaza amarilla, salsa inglesa (Worcestershire), vino moscatel, orégano, salsa picante y azúcar. Mezclar todo bien utilizando una cuchara de madera, reducir la fuente de calor a un nivel bajo, tapar la olla y cocinar por 1 hora, revolviendo cada 15 minutos. Apagar el fuego y dejar reposar por 3 minutos. Probar el guiso y añadir sal y pimienta de ser necesario. ¡Que lo disfruten en familia!

## Ingredientes

1100 g (2.5 lb) de lomo de cerdo

2 tazas de cebolla morada picada en dados (cebolla blanca o amarilla funciona como substituto)

1 taza de apio picado en dados

1 taza de zanahoria picada en dados

1 taza de pimentón rojo picado en dados (pimentón de cualquier color funciona como substituto)

1/3 taza de alcaparras

1 taza de aceitunas rellenas con pimentón rojo (aceitunas sin semillas funcionan como substituto)

1/2 taza de cebollitas cocktail

3/4 taza de pasitas

1/2 taza de mostaza amarilla (mostaza Dijon funciona como substituto)

3 cdas. de salsa inglesa (Worcestershire)

3 cdas. de orégano fresco picado finamente (orégano seco funciona como substituto)

3 cdas. de salsa picante (opcional)

3 cdas. de azúcar

3 cdas. de aceite de oliva extra virgen (cualquier otro aceite vegetal funciona como substituto)

1/2 taza de vino moscatel

Sal

Pimienta negra molida (pimienta blanca molida funciona como substituto)

AMOR Y SAZÓN EN TIEMPOS DE CUARENTENA **53**

# BARQUITOS DE BERENJENA RELLENOS CON CARNE MOLIDA Y HUEVOS

| 4 | 30min | 90min |
|---|---|---|
| PORCIONES | TIEMPO DE PREPARACIÓN | TIEMPO DE COCCIÓN |

## Ingredientes

600 g (1.3 lb) de carne molida

1 taza de cebolla morada picada en dados (cebolla blanca o amarilla funciona como substituto)

1 taza de pimentón rojo picado en dados (pimentón de cualquier color funciona como substituto)

1/2 taza de apio picado en dados

1 cdta. de pimentón seco molido (paprika)

1/2 cdta. de comino molido

4 dientes de ajo picados finamente

2 berenjenas de 540 g (1.2 lb) cada una

2 huevos duros cocidos y pelados

24 aceitunas Kalamata (o negras) sin semillas

225 g (8 oz) de queso feta cortado en dados pequeños (queso feta en migas funciona como substituto)

Aceite de oliva extra virgen

Sal

Pimienta negra molida (pimienta blanca molida funciona como substituto)

Esta receta tiene elementos y sabores griegos, pero con un poco de imaginación, tiene también un toque del relleno de las empanadas de pino chilenas. Para mí esta es la forma como las culturas y los sabores se fusionan en nuevas ideas y experiencias. ¡Espero que los disfruten tanto como los disfrutamos nosotros!

## Preparación

**1** Cortar las berenjenas en mitades. Retirar la pulpa de cada mitad, cavando con una cuchara de metal, dejando una capa de 1.3 cm (1/2'') de pulpa desde la piel. La idea es crear 4 barquitos o canoas donde el relleno será colocado. Usando una brocha de cocina, añadir una capa delgada de aceite de oliva extra virgen y cubrir las superficies internas de los botes de berenjena. Cortar en pequeños trozos la pulpa previamente extraída de las berenjenas y reservar.

**2** En una sartén grande sobre fuego medio-alto colocar 3 cdas. de aceite de oliva extra virgen y calentar por 1 minuto. Colocar los dados de cebolla y 1/2 cdta. de sal, sofreír con una cuchara de madera por 2 minutos, hasta transparentar. Añadir el pimentón, apio, ajo y la pulpa de berenjena previamente picada. Cocinar todo revolviendo ocasionalmente por 5 minutos.

**3** Añadir la carne molida y esparcirla uniformemente usando toda la superficie de la sartén. Añadir 1 cdta. de sal, 1 cdta. de pimienta negra molida, pimentón seco molido y comino molido. Reducir la fuente de calor a un nivel medio y cocinar por 15 minutos, revolviendo cada 2 minutos. Apagar el fuego, probar la carne molida y añadir sal y pimienta de ser necesario.

**4** Cortar longitudinalmente los huevos duros pelados por la mitad, cortar cada mitad en 2, también de forma longitudinal. La idea es obtener 8 cuartos de huevos duros.

**5** Dividir el relleno de carne molida, berenjenas y vegetales en 4 partes iguales. Colocar la mitad de una de esas partes en uno de los barquitos de berenjena y esparcirlo para crear una capa uniforme. Empezando desde uno de los extremos del barquito, colocar 2 aceitunas Kalamata una al lado de la otra, 1/4 de huevo duro, 2 aceitunas Kalamata, otro 1/4 de huevo duro y finalizar con 2 aceitunas Kalamata más. La idea es colocar estos elementos de forma perpendicular a la longitud de la base. Colocar el resto de la parte del relleno encima de las aceitunas y cuartos de huevo duro, dejando algunas áreas de éstos al descubierto. Repetir este paso con los otros 3 barquitos de berenjena.

**6** Cubrir con papel de aluminio una bandeja para hornear de 38 cm x 25 cm (15'' x 10''), colocar los barquitos de berenjena uno al lado del otro. Hornear a 180° C (350° F) por 30 minutos. Retirar la bandeja del horno, cubrir cada barquito de berenjena con 54 g (2 oz) de dados de queso feta y hornear por 20 minutos más. Retirar todo del horno y dejar reposar por 3 minutos antes de servir. ¡Buen Provecho!

# CHULETAS DE CERDO EN SALSA DE NARANJA, RON Y ALBAHACA

Naranja, ron y albahaca, ¡suena como un trago o cocktail maravilloso! Si desea hacerlo para acompañar esta creación, adelante ¡la idea es divertirse en la cocina, el comedor y por toda la casa!

| 4 | 15min | 50min |
|---|---|---|
| PORCIONES | TIEMPO DE PREPARACIÓN | TIEMPO DE COCCIÓN |

## Preparación

1 Añadir sal y pimienta negra molida al gusto a las chuletas de cerdo, reservar.

2 En una sartén grande sobre fuego alto, colocar la mantequilla a derretir y añadir un chorrito de aceite de oliva (aceite vegetal funciona como substituto), calentar por 1 minuto hasta que dore un poquito. Colocar 2 chuletas de cerdo a sellar por 3 minutos, hasta dorarlas, voltearlas y sellar el otro lado por 3 minutos, hasta que se doren también. Retirarlas y colocarlas en un plato, repetir este proceso con las chuletas restantes en grupos de a 2.

3 Reducir la temperatura de cocción a un nivel medio-bajo, añadir la cebolla y 1/2 cdta. de sal, sofreír con una cuchara de madera por 2 minutos, hasta transparentar. Colocar las chuletas de cerdo de vuelta en la sartén, exprimir las naranjas por encima de las chuletas, colocando los gajos exprimidos dentro de la sartén. (Añadir el jugo de naranja si se está utilizando como substituto). Añadir el ron, dientes de ajo, pimentón seco molido, albahaca, salsa picante, 1/2 cdta. de sal y 1/2 cdta. de pimienta negra molida. Llevar todo a un hervor, tapar la sartén y cocinar por 15 minutos. Voltear las chuletas de cerdo, tapar nuevamente la sartén y cocinar por 15 minutos más. Apagar la fuente de calor, dejar reposar, cubierto con la tapa, por 2 minutos. Probar la salsa y añadir sal y pimienta si fuese necesario. Filetear unas cuantas hojas de albahaca fresca y esparcirlas por encima de las chuletas antes de servirlas. ¡Esperamos que sean de su agrado!

## Ingredientes

900 g (2 lb) de chuletas de cerdo sin hueso de 1.3 cm (1/2'') de grosor (1130 g -2.5 lb- si utiliza chuletas con hueso)

2 naranjas (1 taza de jugo de naranja funciona como substituto)

1/2 taza de ron

1/2 taza de cebolla morada picada en dados finos (cebolla blanca o amarilla funciona como substituto)

2 dientes de ajo picados finamente

1/2 taza de albahaca fresca picada finamente (2 cdas. de albahaca seca funciona como substituto)

1 cda. de salsa picante (opcional)

4 cdas. de mantequilla

1 cdta. de pimentón seco molido (paprika) picante (paprika dulce funciona como substituto)

Sal

Pimienta negra molida (pimienta blanca molida funciona como substituto)

# PINCHOS DE CARNE

Mi querida amiga Diana Barake me enseñó a hacer estos maravillosos pinchos de carne. Con ellos me transporté de vuelta al Líbano y los sabores increíbles de Beirut. Nos unimos en oraciones para que esta hermosa ciudad y su gente se recuperen pronto para volver a brillar como la París del Medio Oriente.

| 4 | 2 hrs 30 min | 25 min |
|---|---|---|
| PORCIONES | TIEMPO DE PREPARACIÓN | TIEMPO DE COCCIÓN |

## Ingredientes

4 medallones de lomito de 340 g (12 oz) c/u.

2 cebollas moradas grandes (o 3 medianas) (cebolla blanca o amarilla funciona como substituto)

2 pimentones rojos grandes (o 3 medianos) (pimentón amarillo o anaranjado funciona como substituto)

8 tomates cherry

4 cdas. de pasta de pimentón rojo (pasta de tomate funciona como substituto)

1 limón verde (limón amarillo funciona como substituto)

1/3 taza de vinagre blanco

1 cda. de coriandro (semillas de cilantro molidas)

2 cdas. de perejil fresco picado finamente (perejil seco funciona como substituto)

Sal

Pimienta blanca molida (pimienta negra molida funciona como substituto)

8 brochetas de bambú de 30 cm. (12") de largo (brochetas de metal funcionan como substituto)

## Preparación

**1** En un bowl grande mezclar la pasta de pimentón rojo, vinagre blanco, coriandro, perejil, 2 cdtas. de sal y 4 cdtas. de pimienta blanca molida. Exprimir el limón sobre los ingredientes y mezclarlos bien hasta integrarlos completamente.

**2** Cortar los medallones de lomito en 8 partes iguales. Para hacer esto cortar cada medallón por la mitad (1/2), cada parte por la mitad (1/4) y luego una vez más cada parte por la mitad (1/8). El resultado será 32 piezas similares de lomito. Marinar los trozos en la pasta de especies, asegurándose que queden bien cubiertas por la pasta. Cubrir el bowl con film plástico o papel de aluminio y dejar marinar por 2 horas, preferiblemente dentro del refrigerador.

**3** Colocar las 8 brochetas de bambú en un contenedor con agua, de forma que estén sumergidos completamente en el agua, esto prevendrá que los pinchos se prendan en fuego al cocinarlos.

**4** Cortar las cebollas moradas en cuartos. Separar las capas de las cebollas cortando la parte inferior del bulbo que lo mantiene unido. Reservar las capas más grandes. El objetivo es obtener 64 capas de cebolla. Cortar los pimentones en cuartos y retirar las semillas. Cortar cada cuarto en 8 piezas iguales. El objetivo es obtener 64 piezas de pimentón.

**5** Ensamblar los pinchos sosteniendo una brocheta de bambú con una mano y ensartar dos piezas de pimentón, luego dos capas de cebolla, una pieza de lomito y posteriormente repetir el proceso 3 veces más. Cada pincho debe tener 4 piezas de carne, 8 capas de cebolla y 8 piezas de pimentón. Crear un pincho uniformemente distribuido, apretando bien las piezas, unas al lado de las otras. Finalizar el pincho con un tomate cherry, la punta de bambú debe exceder por lo menos 1.3 cm (1/2") por encima del tomate, para así manipular con facilidad el pincho al cocinarlo. Iniciar el ensamblado 2.5 cm (1") desde la base de la brocheta y apretar las piezas bien juntas unas con otras.

**6** Cocinar los pinchos en la parrilla, a una temperatura medio-alta, rotar la cara de los pinchos cada 3 o 4 minutos, para evitar quemarlos (la punta de los vegetales y las aristas del lomito crearán una capa levemente quemada, pero hay que cuidar que no sea demasiado) Los pinchos estarán listos entre 15 a 20 minutos aproximadamente, esto depende también de la temperatura de cocción y qué tan cocida desea la carne. Retirarlos de la parrilla y colocarlos en una bandeja, dejar reposar 2 minutos antes de servirlos. ¡Bon appetit!!!

# CARNE MOLIDA PARA TACOS

¡Acompáñela con la receta de Guacamole en este libro, añada crema agria y cilantro fresco en unas tortillas de maíz o de harina y disfrute de unos deliciosos tacos de carne!

| 4 | 15min | 35min |
|---|---|---|
| PORCIONES | TIEMPO DE PREPARACIÓN | TIEMPO DE COCCIÓN |

## Preparación

**1** En una sartén grande sobre calor medio-alto coloque el aceite de oliva extra virgen y dejar calentar por 1 minuto. Añadir los dados de cebolla y 1/2 cdta. de sal, sofreír con una cuchara de madera por 2 minutos, hasta transparentar. Añadir los dados de pimentón y el ajo. Sofreír por 2 minutos revolviendo de vez en cuando.

**2** Añadir la carne molida y distribuirla de manera equitativa por toda la superficie de la sartén. Añadir 1 cdta. de sal, 1 cdta. de pimienta negra molida, orégano, cilantro, pasitas y la salsa inglesa (Worcestershire). Reducir la fuente de calor a un nivel bajo, cubrir la sartén y dejar cocinar por 5 minutos.

**3** Usando una cuchara de madera separar la carne molida en piezas pequeñas, añadir la salsa picante y revolver todo para incorporar los ingredientes y crear un perfil de sabor uniforme. Cubrir la sartén nuevamente y cocinar por 20 minutos, revolviendo cada 5 minutos. Apagar la fuente de calor y dejar reposar por 2 minutos. Probar la carne molida y añadir sal y pimienta de ser necesario. ¡Buen provecho!

## Ingredientes

600 g (1.3 lb) de carne molida

2 tazas de cebolla morada picada en dados (cebolla blanca o amarilla funciona como substituto)

1 taza de pimentón rojo picado en dados (pimentón de cualquier color funciona como substituto)

1/2 taza de pasitas (opcional)

3 cdas. de salsa inglesa (Worcestershire)

3 dientes de ajo picados finamente

2 cdas. de salsa picante (opcional)

2 cdas. de orégano fresco picado finamente (orégano seco funciona como substituto)

1 cda. de cilantro fresco picado finamente (cilantro seco funciona como substituto)

2 cdas. de aceite de oliva extra virgen

Sal

Pimienta negra molida (pimienta blanca molida funciona como substituto)

# ALBÓNDIGAS RELLENAS EN SALSA DE TOMATE

## Ingredientes

680 g (1 1/2 lb) de carne molida

1 taza de cebolla morada picada en dados finos (cebolla amarilla o blanca funciona como substituto)

6 dientes de ajo picados finamente

2 huevos

2 cdas. de salsa inglesa (Worcestershire)

1/2 taza de migas de pan seco

2 cdas. de orégano fresco picado finamente (orégano seco funciona como substituto)

2 cdas. de perejil fresco picado finamente (perejil seco funciona como substituto)

2 cdas. de albahaca fresca picada finamente (albahaca seca funciona como substituto)

1 cda. de pimientos rojos en hojuelas -chile molido o quebrado- (opcional)

2 bastones de queso mozzarella

16 rodajas de pepperoni

1 lata de 830 ml (28 oz) de tomates triturados (puré de tomate enlatado funciona como substituto)

2 cdas. de pasta de tomate

1/2 taza de agua

2 cdas. de aceite de oliva extra virgen

Sal

Pimienta negra molida (pimienta blanca molida funciona como substituto)

Perfectas para disfrutarlas con espaguetis o arroz blanco. Acompáñelas con la Ensalada Caprese de este libro y ¡presto! Disfrutarán de una cena italiana increíble.

## Preparación

**1** En un bowl grande colocar la carne molida y añadir 1/2 taza de dados de cebolla finos, 4 dientes de ajo picados finamente, huevos, salsa inglesa (Worcestershire), migajas de pan seco, 1 cda. de orégano, 1 cda. de perejil, 1 cda. de albahaca, pimientos rojos en hojuelas, 1 1/2 cdta. de sal y 1 cdta. de pimienta negra molida. Utilizando las manos, mezclar todos los ingredientes hasta incorporarlos bien.

**2** Cortar los bastones de queso mozzarella en 8 partes iguales y reservar. Cortar las rodajas de pepperoni en cuartos y también reservar. Pesar la mezcla de carne molida con una pesa de cocina y dividirla en 16 partes iguales. Mojar las manos con agua y crear una bola con una de las porciones de carne, posteriormente aplanarla entre las manos hasta crear un disco de aproximadamente 5 cm (2") de diámetro. Colocar 2 cuartos de rodajas de pepperoni en el centro, encima una de las partes de queso mozzarella y 2 cuartos de rodajas de pepperoni. Envolver todo con los bordes del disco de carne y sellarlos dentro, especialmente el queso. Colocar la albóndiga creada en un plato o tabla de cocina sin apilarla una sobre la otra. Repetir este proceso hasta completar las 16 albóndigas.

**3** En una olla grande y profunda sobre fuego medio, colocar el aceite de oliva extra virgen a calentar por 30 segundos, añadir el resto de la cebolla picada y 1/2 cdta. de sal, sofreír con una cuchara de madera por 2 minutos, hasta transparentar. Añadir 2 dientes de ajo picados finamente, tomates triturados enlatados, pasta de tomate, 1 cda. de orégano, 1 cda. de perejil, 1 cda. de albahaca, 1 cdta. de sal, 1/2 cdta. de pimienta negra molida y 1/2 taza de agua. Revolver y cocinar hasta hervir.

**4** Colocar las albóndigas
dentro de la olla, apilándolas
lo menos posible y que queden
cubiertas con la salsa de tomate.
Cocinar hasta que vuelva
a hervir, tapar la olla, reducir
la temperatura hasta un nivel
medio-bajo y cocinar
por 12 minutos. Voltear
las albóndigas con cuidado,
tapar la olla nuevamente
y cocinar por 12 minutos más.
Apagar la fuente de calor
y dejar reposar por 2 minutos.
Probar la salsa y agregar sal
y pimienta de ser necesario.
¡Buon Appetito!

# PIMENTONES RELLENOS CON CARNE MOLIDA

| 4 | 40min | 1 hr 40min |
|---|---|---|
| PORCIONES | TIEMPO DE PREPARACIÓN | TIEMPO DE COCCIÓN |

Esta receta es una de mis favoritas de preparar durante el fin de semana. Me gusta relajarme y hacer otras cosas mientras se cocina en el horno, el aroma de los pimentones cocinándose inunda todo nuestro hogar, siendo el preludio perfecto de nuestra cena.

## Ingredientes

4 pimentones anaranjados grandes (pimentón de cualquier otro color funciona como substituto)

450 g (1 lb) de carne molida

1 taza de cebolla morada picada en dados (cebolla amarilla o blanca funciona como substituto)

3/4 taza de tomates cherry picados en dados (Tomate Campari, Roma o perita funcionan como substituto)

1/2 taza de aceitunas negras fileteadas en rodajas

4 dientes de ajo picados finamente

1 cda. de pimientos rojos en hojuelas (chile molido o quebrado)

2 cdas. de orégano fresco picado finamente (orégano seco funciona como substituto)

2 cdas. de perejil fresco picado finamente (perejil seco funciona como substituto)

1 cdta. de pimentón seco molido (paprika) picante (paprika dulce funciona como substituto)

2 cdas. de salsa inglesa (Worcestershire)

2 cdas. de salsa picante (opcional)

2 cdas. de aceite de oliva extra virgen

Sal

Pimienta negra molida (pimienta blanca molida funciona como substituto)

## Preparación

**1** Cortar una tapa de los pimentones 2 cm (3/4") desde el extremo superior. Con un cuchillo pequeño y afilado retirar las semillas y las venas blancas internas de los pimentones. Cortar y retirar las semillas adjuntas a las tapas de los pimentones. Reservarlos a un lado.

**2** En un bowl mediano, colocar la carne molida, cebolla, tomates, aceitunas negras, ajo, pimientos rojos en hojuelas, orégano, perejil, pimentón seco molido, salsa picante, salsa inglesa (Worcestershire), 1 cdta. de sal y 1/2 cdta. de pimienta negra molida. Mezclar e incorporar bien todos los ingredientes.

**3** Rellenar los pimentones, asegurándose de presionar el relleno con cuidado y que todas las cavidades internas sean rellenadas. Colocar suficiente relleno dentro de los pimentones, hasta que sobresalga 1.3 cm (1/2") del pimentón. Cubrir los pimentones con sus tapas correspondientes que han sido previamente cortadas y sin semillas.

**4** Engrasar el fondo de un contenedor refractario de vidrio (Pyrex) de 30 cm x 25 cm (12" x 10") con aceite de oliva. Colocar los pimentones rellenos dentro del contenedor, cubrir con papel de aluminio y colocarlo sobre una placa para hornear de metal. Hornear a 180° C (350° F) por 90 minutos, destapar el contenedor de vidrio refractario y hornear por 10 minutos más para dorar el tope de los pimentones. Retirar todo del horno y dejar reposar por 3 minutos. Servir los pimentones rellenos sobre una cama de arroz y bañarlos con la salsa que queda en el contenedor refractario. ¡Que lo disfruten todos!

# FILET MIGNON EN SALSA DE CHAMPIÑONES Y RÁBANO PICANTE

Disfrutar esta deliciosa receta, vale todas las clases de Zumba y todos los paseos en bicicleta hasta Coney Island para quemar las calorías que llegan a la mesa (y a nuestros cuerpos) con ella, créannos… ¡es increíblemente apetitosa!!!

**4**
PORCIONES

**25**min
TIEMPO DE PREPARACIÓN

**35**min
TIEMPO DE COCCIÓN

## Ingredientes

2 Filet Mignon (Filetes de Lomito) de 450 g (1 lb) cada uno

4 tiras de tocineta (8 si no son lo suficientemente gruesas)

4 mondadientes de madera

170 g (6 oz) de champiñones fileteados

3 cdas. de rábano picante preparado (Horseradish)

6 cdas. de mantequilla

1/2 taza de crema de leche

2 cdas. de perejil fresco picado finamente (perejil seco funciona como substituto)

3 dientes de ajo picados finamente

Sal

Pimienta negra molida (pimienta blanca molida funciona como substituto)

## Preparación

**1** Cortar los Filetes de Lomito por la mitad, envolver cada una con una tira de tocineta y asegurar las puntas al final con un mondadientes de madera, asegurarse que la envoltura esté apretada y firme (si las tiras no son lo suficientemente gruesas, usar 2, una al lado de la otra, y asegurar las puntas con 2 mondadientes) Agregar sal y pimienta en las superficies superior e inferior de los filetes (que no deben estar envueltos en tocineta). Reservarlos en un plato.

**2** En una sartén grande sobre fuego alto, colocar 4 cdas. de mantequilla a derretir y añadir un chorrito de aceite de oliva extra virgen (aceite vegetal funciona como substituto), calentar por 2 minutos. Colocar los Filetes de Lomito dentro de la sartén con la base inferior en contacto con la superficie caliente y sellarlos por 2 minutos. Voltearlos colocando la superficie superior contra la superficie caliente de la sartén, sellarlos por 2 minutos. Girar los filetes y colocarlos de lado (la envoltura de tocineta debe estar en contacto con la superficie caliente de la sartén) y sellarlos por 2 minutos, voltearlos y colocar el lado opuesto de ellos y sellarlos por 2 minutos, repetir este proceso 2 veces más hasta que todos los lados envueltos en tocineta hayan sido sellados. Reducir la temperatura de cocción a un nivel medio-bajo, retirar los filetes y reservarlos en un plato.

**3** Colocar en la sartén los champiñones fileteados, el rábano picante preparado, perejil, ajo, 2 cdas. de mantequilla, 1/2 cdta. de sal y 1/2 cdta. de pimienta negra molida. Sofreír con una cuchara de madera por 2 minutos. Colocar de vuelta los Filet Mignon a la sartén, tapar y cocinar por 5 minutos. Añadir 1/2 taza de crema de leche, revolver e incorporar todo, voltear los filetes, tapar nuevamente y cocinarlos por 3 minutos más. Apagar la fuente de calor y dejarlo reposar por 2 minutos. Probar la salsa y añadir sal y pimienta de ser necesario. ¡Esperamos los disfruten tanto como nosotros!

# PULPO A LA PLANCHA CON ALCAPARRAS Y PAPAS AL LIMÓN

4
PORCIONES

20min
TIEMPO DE PREPARACIÓN

1hr 20min
TIEMPO DE COCCIÓN

Nosotros amamos comer pulpo, así que los invitamos a compartir (o descubrir) este amor con nosotros. Cocinar pulpo es más fácil de lo que puedan ustedes imaginar y el resultado es bien apetitoso.

## Ingredientes

900 g (2 lb) de tentáculos de pulpo crudo

4 cdas. de alcaparras

4 cdas. de aceite de oliva extra virgen

2 limones verdes (limón amarillo funciona como substituto)

3 dientes de ajo picados finamente

Sal

Pimienta negra molida (pimienta blanca molida funciona como substituto)

## Para las papas al limón

680 g (1.5 lb) de papas blancas (papas amarillas o rojas funcionan como substituto)

5 cdas. de mantequilla

2 limones verdes (limón amarillo funciona como substituto)

1 cda. de orégano fresco picado finamente (orégano seco funciona como substituto)

Sal

Pimienta negra molida (pimienta blanca molida funciona como substituto)

## Preparación

**1** En una olla mediana sobre fuego medio, colocar 4 tazas de agua y cocinar hasta hervir. Añadir el pulpo y 1 cdta. de sal, esperar que vuelva a hervir, tapar la olla y cocinar por 35 minutos. Retirar el pulpo y sumergirlo en un bowl con suficiente agua con hielo. Una vez el pulpo esté frío, drenar el agua fría y reservar los tentáculos de pulpo. Reserve el caldo donde el pulpo ha sido cocinado para utilizarlo en otras recetas.

**2** En una sartén grande sobre fuego alto, colocar 2 cdas. de aceite de oliva extra virgen y calentar por 30 segundos. Colocar 3 tentáculos de pulpo en la sartén con suficiente espacio entre ellos para que los jugos de cocción no se mezclen, cocinar cada lado de los tentáculos por 4 minutos hasta dorarlos. Retirar los tentáculos y reservarlos en un plato. Una vez todos los pedazos de pulpo hayan pasado por este proceso, reducir el fuego a un nivel medio-bajo y colocar todas las piezas de pulpo dentro de la sartén. Exprimir los limones encima de todo y añadir los gajos exprimidos a la sartén, añadir las alcaparras, ajo, 1/2 cdta. de sal, 1/2 cdta. de pimienta negra molida y 2 cdas. de aceite de oliva extra virgen. Tapar la sartén y cocinar por 15 minutos, revolviendo cada 3 minutos. Apagar la fuente de calor y dejar reposar por 2 minutos. Retirar los gajos de limón, probar la salsa y verificar si necesita sal o pimienta.

## Papas al limón

**1** Lavar cuidadosamente las papas y cortarlas en cuartos.

**2** En una sartén sobre calor medio-alto, colocar la mantequilla a derretir y añadir un chorrito de aceite de oliva extra virgen (aceite vegetal funciona como substituto). Una vez derretida la mantequilla, colocar las papas con una de las caras en contra de la superficie de la sartén, de manera tal que la piel de las papas quede expuesta hacia arriba, cocinar por 2 minutos. Colocar la otra cara de los cuartos de papa contra la superficie de la sartén y cocinar por 2 minutos adicionales. Revisar para verificar si las caras de las papas se han dorado al nivel deseado, una vez logrado este nivel, reducir la temperatura de cocción a un nivel medio-bajo y voltear las papas de manera tal que la piel esté en contacto con la sartén.

**3** Exprimir los limones encima de las papas y añadir los gajos exprimidos a la sartén. Añadir el orégano, 1/2 cdta. de sal y 1/2 cdta. de pimienta negra molida. Tapar la sartén y cocinar por 6 minutos, hasta que las papas estén suaves, pero mantengan su forma. Si la piel se está separando de las papas, esto quiere decir que están empezando a sobre cocinarse, preferiblemente evitar que esto ocurra. Descartar los gajos de limón, probar la salsa y añadir sal y pimienta de ser necesario. ¡Disfrútenlas con el pulpo!!!

# TOMATES RELLENOS CON ENSALADA DE ATÚN

Esta receta es perfecta para una cena de verano, mejor aún si se está cerca del mar. Es casi como estar una vez más en Playa Zaragoza, en la Isla de Margarita… en ese pedacito de cielo en la tierra. ¿Dónde queda el suyo?

| 4 | 40min | 0min |
|---|---|---|
| PORCIONES | TIEMPO DE PREPARACIÓN | TIEMPO DE COCCIÓN |

## Preparación

**1** Cortar una tapa de cada tomate, cortando 0.6 cm (1/4'') desde el extremo superior. Usando un cuchillo afilado pequeño y una cucharita de metal retirar las semillas y carne interna de los tomates. Reservarlos para otras recetas.

**2** En un bowl colocar el atún drenado de las latas, la cebolla, apio, pimentón, cilantro, mayonesa, salsa picante, exprimir los limones encima de los ingredientes, añadir 1/2 cdta. de sal y 1/2 cdta. de pimienta negra molida. Mezclar todo hasta obtener una pasta homogénea. Probarla y añadir sal y pimienta de ser necesario.

**3** Rellenar cada tomate con la ensalada de atún, colocando suficiente relleno hasta sobrepasar 1.3 cm (1/2'') por encima del borde superior del tomate. Taparlos parcialmente con las tapas correspondientes de los tomates, colocándolas encima de la pasta que sobresale, creando un espacio donde la ensalada de atún es visible. Servirlos sobre arroz o una ensalada verde. ¡Esperamos que los disfruten tanto como nosotros!

## Ingredientes

8 tomates manzano o de bola de 225 g (1/2 lb) cada uno

2 latas de atún drenadas de 198 g (7 oz) netos cada una

1 taza de cebolla morada picada en dados (cebolla amarilla o blanca funciona como substituto)

1/2 taza de apio picado en dados

1 taza de pimentón amarillo picado en dados (pimentón de cualquier color funciona como substituto)

8 cdas. de mayonesa

2 cdas. de cilantro fresco picado finamente (cilantro seco funciona como substituto)

2 cdtas. de salsa picante (opcional)

2 limones verdes (limón amarillo funciona como substituto)

Sal

Pimienta negra molida (pimienta blanca molida funciona como substituto)

# FILETES DE SALMÓN EN SALSA VELOUTÉ DE CAMARONES, ALCAPARRAS Y PIMENTÓN ROJO

### Ingredientes

4 filetes de salmón, capturado en su entorno nativo, de 250 g (8 oz) c/u. (Salmón cultivado o de cría funciona como substituto)

5 cdas. de mantequilla

2 cdas. de alcaparras

1 limón verde (limón amarillo funciona como substituto)

2 cdas. de harina de trigo

1 taza de cebolla morada picada en dados (cebolla blanca o amarilla funciona como substituto)

1/2 taza de pimentón rojo picado en dados finos (pimentón amarillo o anaranjado funciona como substituto)

1/2 taza de apio picado en dados finos

1 taza de camarones crudos, pelados y picados en trozos

1 taza de caldo de camarones frío (caldo de pescado funciona como substituto)

2 tazas de leche fría

2 dientes de ajo picados finamente

1/4 cdta. de nuez moscada rallada

Sal

Pimienta blanca molida (pimienta negra molida funciona como substituto)

Mi mamá cocinaba para nosotros filetes de pargo o mero en una salsa similar y era un banquete para toda la familia. Para mí esta fue una oportunidad de seguir el proverbio "cuando la vida te de limones, hagamos limonada". En esta oportunidad la vida me dio salmón… así que esta fue mi creación.

### Preparación

**1** Chequear que los filetes de salmón no tengan espinas, retirarlas con una pinza de ser necesario. Añadir sal y pimienta al gusto a los filetes y reservar mientras se prepara la salsa velouté.

**2** En una olla mediana sobre fuego medio, añadir 3 cdas. de mantequilla y un chorrito de aceite de oliva extra virgen (otro aceite vegetal funciona como substituto). Una vez derretida la mantequilla, añadir la cebolla picada y 1/2 cdta. de sal, sofreír con una cuchara de madera por 2 minutos, hasta transparentar. Añadir el pimentón rojo, apio, ajo y cocinar por 2 minutos más, revolviendo ocasionalmente. Añadir la harina de trigo y revolver constantemente hasta incorporarla con la grasa de la mantequilla y el resto de los ingredientes, continuar revolviendo por 1 minuto más.

**3** Reducir la temperatura de cocción a un nivel bajo y añadir 1/4 de taza de caldo de camarones frío, revolver vigorosamente hasta incorporarlo completamente. Repetir este paso 3 veces más, hasta incorporar la totalidad del caldo de camarones. Añadir 1 taza de leche fría y continuar revolviendo hasta incorporarla, en este momento la salsa debe tener una consistencia gruesa y sin grumos, añadir la taza de leche fría restante y continuar revolviendo hasta lograr una salsa homogénea con una textura brillante. Incrementar la fuente de calor a un nivel medio, añadir los camarones picados en trozos, las alcaparras, nuez moscada, 1/2 cdta. de pimienta blanca molida y 1/2 cdta. de sal. Cocinar por 3 minutos, revolviendo ocasionalmente. Apagar el fuego y reservar la salsa.

**4** En una sartén grande sobre fuego medio, colocar 2 cucharadas de mantequilla y añadir un chorrito de aceite de oliva extra virgen (aceite vegetal funciona como substituto). Calentar por 2 minutos. Colocar los 4 filetes de salmón con la piel haciendo contacto con la sartén. Cocinar por 1 minuto. Exprimir el limón por encima de los filetes, añadir los gajos exprimidos dentro de la sartén. Incorporar la salsa velouté de camarones y vegetales encima de los filetes de salmón, tapar la sartén, reducir la temperatura de cocción a un nivel medio-bajo y cocinar por 5 minutos. Apagar el fuego y dejar reposar por 2 minutos. Retirar los gajos de limón. Probar la salsa y añadir sal y pimienta si fuese necesario. Servir los filetes con la salsa por encima, asegurándose de colocar trozos de camarones y vegetales. ¡Que los disfruten!

## Ingredientes

450 g (1 lb) de calamares limpios, tubos y tentáculos (Sólo tubos, si usted prefiere)

2 limones verdes (limón amarillo funciona como substituto)

1 taza de leche

2 tazas de harina de trigo

2 cdtas. de pimentón seco molido (paprika)

2 cdas. de orégano picado finamente (orégano seco funciona como substituto)

2 cdas. de perejil fresco picado finamente (perejil seco funciona como substituto)

Aceite de maíz (cualquier otro aceite vegetal, excepto el aceite de oliva, funciona como substituto)

Sal

Pimienta blanca molida (pimienta negra molida funciona como substituto)

### Para la salsa marinara

1/4 taza de cebolla morada picada en dados finos (cebolla blanca o amarilla funciona como substituto)

2 dientes de ajo picados finamente

1 lata de tomates triturados de 400 ml (14.5 oz) (puré de tomate enlatado funciona como substituto)

1 cdta. de pasta de tomate

1/2 taza de agua

1 cta. de azúcar

1 cda. de orégano fresco picado finamente (orégano seco funciona como substituto)

1 cda. de albahaca fresca picada finamente (albahaca seca funciona como substituto)

2 cdas. de aceite de oliva extra virgen

Sal

Pimienta negra molida (pimienta blanca molida funciona como substituto)

# CALAMARES REBOZADOS CON SALSA MARINARA

¿Es este un plato de entrada o un plato principal? Amamos particularmente lo crujiente de esta receta, ¡parece que siempre hay espacio, o excusa perfecta, para un pedacito más!

## Preparación

**1** Cortar los tubos de calamares en aros de 2.5 cm (1"). Las cabezas con sus tentáculos pueden dejarse enteras o cortarlas por la mitad. Colocar todas las piezas en un bowl de vidrio o plástico y exprimir los limones encima de ellos. Mezclar todo bien con una cuchara de madera, cubrir con film plástico o la tapa del contenedor, colocarlo en el refrigerador y dejar marinar por 30 minutos.

**2** En 2 bowls aparte, colocar en cada uno de ellos 1 taza de harina de trigo, 1 cdta. de pimentón seco molido, 1 cdta. de sal, 1/2 cdta. de pimienta blanca molida, 1 cda. de orégano y 1 cda. de perejil. Mezclar los ingredientes en cada bowl y crear sendas mezclas homogéneas. En un tercer bowl, colocar 1 taza de leche.

**3** Utilizando unas pinzas o la punta de los dedos, colocar 3 o 4 piezas de calamares en el primer bowl con la mezcla de harina y especies, sacudir el bowl para que las piezas queden cubiertas con la mezcla. Retirarlas del primer bowl y sumergirlas en la leche en el segundo bowl por 5 segundos, asegurándose que estén completamente cubiertas por la leche. Con un tenedor, retirarlas del segundo bowl y colocarlas en el tercer bowl, con la mezcla de harina y especies que no fue usado anteriormente, sacudirlas para que la mezcla las cubra. Retirarlas del bowl y colocarlas en un plato o tabla de cocina cubiertos con toallas de papel absorbente. Completar este proceso para todas las piezas de calamares. De ser necesario utilice platos o tablas adicionales para colocar todas las piezas en una sola capa.

**4** En una sartén profunda para freír o caldero, sobre fuego medio, colocar suficiente aceite de maíz (u otro aceite vegetal que no sea aceite de oliva) para llenar 3/4 de la capacidad del caldero. Calentar el aceite por 4 minutos. Poner a freír 10 a 12 piezas (dependiendo del tamaño del caldero puede ser mayor o menor la cantidad de piezas a freír). La idea es que las piezas floten en el aceite sin que se peguen. Freírlas por 2 o 3 minutos, volteándolas de vez en cuando, hasta que doren. Retirarlas del aceite con una espumadera y colocarlas en un bowl grande cubierto con toallas de papel absorbente, espolvorear un poquito de sal encima de los calamares fritos.

## Salsa marinara

**1** En una cacerola pequeña sobre fuego medio, colocar el aceite de oliva extra virgen, añadir la cebolla y 1/2 cdta. de sal y sofreír con una cuchara de madera por 2 minutos, hasta transparentar. Añadir el ajo, la lata de tomates triturados, pasta de tomate, agua, azúcar, orégano, albahaca, 1/2 cdta. de sal y 1/2 cdta. de pimienta negra molida. Mezclar todo hasta disolver la pasta de tomate en la salsa.

**2** Llevar la salsa a un hervor, tapar la cacerola, reducir la temperatura a un nivel medio-bajo y dejar cocinar por 5 minutos. Apagar la fuente de calor y dejarla cubierta por 2 minutos. Probar la salsa y añadir sal y pimienta de ser necesario. Servir la salsa con los calamares y ¡buen provecho!!!

# CEVICHE DE MERO MULTICOLOR

Esta creación es un homenaje a mis raíces latinas y andinas. Aunque Venezuela es conocido como un país caribeño, con hermosas playas y clima tropical, la cordillera de Los Andes termina (¿o empieza?) en nuestro país, conectándonos con Colombia, Ecuador, Perú, Bolivia, Argentina y Chile. ¡Esperamos que nos acompañen en este viaje colorido y delicioso!

| 4 | 2hrs 40min | 0min |
|---|---|---|
| PORCIONES | TIEMPO DE PREPARACIÓN | TIEMPO DE COCCIÓN |

## Preparación

**1** Colocar en un bowl pequeño la cebolla fileteada y añadir 1 cdta. de sal y mezclar, cubrir con film plástico, colocarlo en el refrigerador y dejar reposar por lo menos 2 horas. (Un contenedor hermético funciona para este proceso)

**2** Cortar los filetes de mero en dados de aproximadamente 4 cm (1.5"), colocarlos en un bowl mediano (preferiblemente de vidrio o plástico, evitar utilizar uno metálico) añadir las tiras de pimentón de tres colores, 1/2 cdta. de sal, 1/2 cdta. de pimienta blanca molida, salsa picante y el ajo, mezclar todo junto. Exprimir los limones encima del resto de los ingredientes, los dados de pescado deben estar cubiertos por el jugo de limón. Cubrir el bowl con film plástico, colocarlo en el refrigerador y dejar reposar por lo menos 2 horas. (Un contenedor hermético funciona para este proceso)

**3** Justo antes de servir, retirar las cebollas del contenedor con un tenedor y añadirlas al bowl donde el ceviche ha estado marinándose, las cebollas fileteadas deben estar transparentes y flexibles ya que han soltado el agua que tenían. Descartar el agua que queda en el contenedor de la cebolla. Añadir el cilantro, el rábano fileteado y mezclar todo para crear un perfil de sabores y colores homogéneo. Probar el ceviche y añadir sal, pimienta y salsa picante de ser necesario. ¡Buen Provecho!

## Ingredientes

680 g (1.5 lb) de filetes de mero

1 taza de cebolla morada finamente fileteada verticalmente, desde una punta a la otra, tipo "émincé" (cebolla blanca o amarilla funciona como substituto)

1/3 taza de pimentón rojo finamente fileteado de 5 cm. (2") de largo

1/3 taza de pimentón verde finamente fileteado de 5 cm. (2") de largo

1/3 taza de pimentón amarillo finamente fileteado de 5 cm. (2") de largo

1/4 taza de rábano fileteado finamente en mitades

2 dientes de ajo picados finamente

8 limones verdes (limón amarillo funciona como substituto)

1 cda. de salsa picante (opcional)

2 cdas. de cilantro fresco picado finamente (cilantro seco funciona como substituto)

Sal

Pimienta blanca molida (pimienta negra molida funciona como substituto)

## Ingredientes

680 g (1.5 lb) filetes de pescado hipogloso
(halibut) sin piel (mero, róbalo, corvina
o pargo funcionan como substituto)

2 huevos

2 cdas. de harina de trigo

1/4 taza de leche entera

1/2 cdta. de pimentón seco molido (paprika)

2 tazas de migas de pan seco

1 cda. de orégano fresco picado finamente
(orégano seco funciona como substituto)

1 cda. de perejil fresco picado finamente
(perejil seco funciona como substituto)

Aceite de maíz
(cualquier otro aceite vegetal funciona
como substituto, excepto el aceite de oliva)

Sal

Pimienta negra molida (pimienta blanca
molida funciona como substituto)

### Para la salsa tártara

1 taza de mayonesa

1 taza de pepinillos encurtidos
picados en dados finos

1/2 taza de cebolla morada picada
en dados finos (cebolla amarilla o blanca
funciona como substituto)

3 cdas. de crema agria

1/2 cdta. de pimienta negra molida (pimienta
blanca molida funciona como substituto)

2 cdas. de eneldo fresco picado finamente
(eneldo seco funciona como substituto)

1 cda. de perejil fresco picado finamente
(perejil seco funciona como substituto)

2 cdas. de alcaparras

1 limón verde (limón amarillo
funciona como substituto)

# DEDITOS DE PESCADO REBOZADOS CON SALSA TÁRTARA

Durante la pandemia Paul compró pescado hipogloso (halibut)
enviado a domicilio desde Alaska, una excelente manera
de conectarnos con nuestro viaje a ese lugar
hace tres años. Cuando hice esta receta él expresó
que había disfrutado en casa "los mejores deditos de pescado
de los 48 estados contiguos o meridionales"
El estaba extasiado y yo feliz de haber creado
este momento especial para nosotros dos…

## Preparación

**1** Cortar los filetes de pescado en piezas de 5 cm (2") x 1.3 cm (1/2")
x 1.3 cm (1/2") (o la forma que usted desee, de acuerdo a las dimensiones
y grosor de los filetes disponibles). Añadir sal y pimienta negra molida
a las piezas y reservarlas.

**2** En un bowl batir los huevos, añadir la harina de trigo, leche entera,
1/2 cdta. de sal, 1/4 cdta. de pimienta negra molida y mezclar todo junto.
En un segundo bowl, colocar las migas de pan seco, pimentón seco molido,
perejil, orégano y mezclar todo con un tenedor para crear un perfil
de sabor homogéneo.

**3** En grupos de 2 o 3 piezas, sumergirlas en la mezcla de huevos, leche
y harina por 5 segundos, asegurarse que todas las superficies de las piezas
estén cubiertas, retirarlas del bowl utilizando unas tenazas de cocina,
colocarlas en el segundo bowl con las migas de pan seco sazonadas.
Sacudir hasta que las superficies de las piezas estén bien cubiertas, retirarlas
y colocarlas en un plato o tabla cubiertos con toallas de papel secas, evitar
apilar las piezas unas encima de las otras. De ser necesario utilice platos
o tablas adicionales para colocar todas las piezas en una sola capa.

**4** En una sartén profunda
para freír o caldero, sobre fuego
medio, colocar la cantidad de aceite
de maíz (u otro aceite vegetal que
no sea aceite de oliva) suficiente
para llenar el caldero a 3/4 partes
de su capacidad. Calentar el aceite
por 4 minutos. Freír 3 o 4 piezas de
pescado (dependiendo del tamaño
del caldero, pueden ser más o
menos piezas a la vez).
La idea es freírlas por 2 minutos, sin
que se toquen entre ellas, voltearlas
con una espumadera y freír por
2 minutos más o hasta lograr el
nivel de dorado deseado. Retirarlas
del aceite y colocarlas en un bowl
grande cubierto con toallas de papel
absorbente.

## Salsa tártara

**1** En un bowl mediano colocar
la mayonesa, pepinillos encurtidos,
cebolla morada, crema agria, eneldo,
perejil, alcaparras y pimienta negra
molida. Exprimir el limón verde
encima de los demás ingredientes.
Mezclar todo bien y servir en un
contenedor pequeño junto a los
deditos de pescado fritos.
¡Buen provecho!!!

# CAMARONES EN SALSA DE LECHE DE COCO PICANTE

**4** PORCIONES    **15**min TIEMPO DE PREPARACIÓN    **20**min TIEMPO DE COCCIÓN

Esa receta puede hacerse substituyendo la proteína con pescado, pollo, cordero o incluso tofu. Sólo es necesario modificar el tiempo de cocción en el paso 3 acorde a la proteína substituta. A mí personalmente me gusta hacerla con camarones, porque le da un sabor y color especial a la salsa, pero quizás alguien sea alérgico, vegetariano o no le gustan los productos del mar, puede perfectamente disfrutar de esta deliciosa receta haciendo la substitución.

## Preparación

**I** En una sartén grande sobre fuego medio colocar el aceite de coco a calentar por 1 minuto, añadir la cebolla fileteada y 1/2 cdta. de sal, sofreír con una cuchara de madera por 2 minutos, hasta transparentar. Añadir el aceite de sésamo y las rodajas de apio y sofreír por 1 minuto más.

**2** Añadir la leche de coco, pasta de pimentón rojo, salsa picante, 1/2 cdta. de sal, 1/2 cdta. de pimienta negra molida y cocinar hasta llevar a un hervor, revolviendo ocasionalmente para asegurar que los ingredientes se integren uniformemente.

**3** Añadir los camarones a la salsa, tapar la sartén y dejar cocinar por 4 minutos. Revolver los camarones en la salsa y asegurar voltearlos, sobre todo los de la parte superior. Tapar nuevamente y dejar cocinar por 3 minutos más. Esparcir por encima la albahaca fresca fileteada, revolver todo para integrarla a la salsa, apagar la fuente de calor, tapar una vez más la sartén y dejar reposar por 2 minutos. Probar la salsa y añadir sal y pimienta de ser necesario. ¡Buen apetito!

## Ingredientes

1 kg (2.5 lb) de camarones crudos y pelados

1 taza de cebolla morada finamente fileteada verticalmente, desde una punta a la otra, tipo "émincé" (cebolla blanca o amarilla funciona como substituto)

1 taza de apio picado en rodajas

1 lata de leche de coco de 400 ml (13.5 oz)

1 cda. de pasta de pimentón rojo (pasta de tomate funciona como substituto)

2 cdas. de albahaca fresca fileteada (albahaca seca funciona como substituto)

1/2 cdta. de aceite de sésamo

2 cdas. de aceite de coco (aceite de oliva extra virgen funciona como substituto)

3 cdas. de salsa picante (opcional)

Sal

Pimienta negra molida (pimienta blanca molida funciona como substituto)

# ATÚN EN SALSA DE JENGIBRE Y SALVIA

## Ingredientes

4 filetes de atún
de 225 g (1/2 lb) cada uno

1 taza de cebolla morada picada
en dados finos (cebolla blanca
o amarilla funciona como substituto)

1/2 taza de pimentón amarillo picado
en dados finos (pimentón de cualquier
color funciona como substituto)

4 dientes de ajo picados finamente

1/2 taza de salvia fresca fileteada
finamente (salvia seca funciona
como substituto)

1/2 taza de cilantro fresco picado
finamente (cilantro seco funciona
como substituto)

3 limones verdes (limón amarillo
funciona como substituto)

6 cdas. de mantequilla

3 cdas. de pasta de jengibre

1 cda. de azúcar

Sal

Pimienta blanca molida (pimienta negra
molida funciona como substituto)

Esta fue la receta con la que todo empezó. Yo estaba muy orgulloso de esta creación y agradecido por la respuesta positiva y los comentarios recibidos en las redes sociales. Entonces la idea de crear y organizar estas recetas y compartirlas con ustedes fue algo inevitable, una después de la otra, empezaron a aparecer y conectarse amorosamente con nosotros en estos tiempos de cuarentena.

## Preparación

**1** En una sartén grande sobre fuego medio colocar la mantequilla a derretir y agregar un chorrito de aceite de oliva extra virgen (aceite vegetal funciona como substituto), calentar por 1 minuto. Añadir los dados de cebolla y 1/2 cdta. de sal, sofreír con una cuchara de madera por 2 minutos, hasta transparentar. Añadir el pimentón, la salvia, 1/2 cdta. de pimienta blanca molida y el ajo. Sofreír todo revolviendo por 2 minutos más.

**2** Añadir sal y pimienta a los filetes de atún. Incrementar la fuente de calor a un nivel medio-alto y apartar la base de la salsa hacia las paredes para crear una superficie descubierta en el medio. Colocar los filetes de atún y sellarlos por 2 minutos, voltear los filetes y sellar la otra cara por 2 minutos más.

**3** Reducir la fuente de calor a un nivel bajo, exprimir los limones por encima de los filetes, colocar los gajos exprimidos dentro de la salsa, añadir el cilantro, la pasta de jengibre, azúcar y 1/2 cdta. de sal. Tapar la sartén y dejar cocinar por 10 minutos. Los filetes estarán cocinados a un nivel medio-bien cocido, puede incrementar o reducir el tiempo de cocción dependiendo del nivel deseado para el atún, también tomando en cuenta el grosor de los filetes.

**4** Apagar la fuente de calor y dejar reposar por 2 minutos antes de servir. Retirar los gajos de limón, colocar los filetes de atún en los platos para servir, mezclar la salsa en la sartén utilizando una cuchara de madera, probarla y añadir sal y pimienta de ser necesario. Servir la salsa encima de los filetes de atún. ¡A disfrutar y buen provecho!

# BACALAO EN SALSA DE AJO PORRO, ALCAPARRAS Y HIERBAS

El bacalao es para mí uno de los mejores productos del mar para cocinar y disfrutar; una combinación perfecta de sabor y textura. ¡Tiene su propia personalidad tan distintiva!

| 4 | 20min | 20min |
|---|---|---|
| PORCIONES | TIEMPO DE PREPARACIÓN | TIEMPO DE COCCIÓN |

## Preparación

**1** Cortar los filetes de bacalao en 8 porciones de aproximadamente 115 g (1/4 lb) cada una. Añadirles sal y pimienta y reservarlas en un plato o en un bowl aparte.

**2** En una sartén grande sobre fuego medio, colocar la mantequilla a derretir con un chorrito de aceite de oliva extra virgen (aceite vegetal funciona como substituto), dejar calentar por 90 segundos y dorarla un poquito. Añadir el ajo porro, cebollín, salvia, 1/2 cdta. de sal y 1/2 cdta. de pimienta blanca molida. Sofreír revolviendo con una cuchara de madera por 2 minutos.

**3** Mover las rodajas de ajo porro, cebollín y salvia a los lados de la base de la sartén para crear una superficie descubierta en el medio. Colocar las 8 porciones de bacalao, añadir el tomillo, eneldo y alcaparras. Exprimir los limones encima de todo y añadir los gajos exprimidos a la sartén. Cubrir con su tapa, reducir la fuente de calor a un nivel medio-bajo y cocinar por 12 minutos. Apagar la fuente de calor y dejar reposar por 2 minutos. Retirar los gajos de limón, probar la salsa y añadir sal y pimienta de ser necesario. ¡Buen Provecho!

## Ingredientes

900 g (2 lb) de filetes de bacalao

2 tazas de rodajas de ajo porro (puerros) picados por la mitad

1/2 taza de cebollín picado en rodajas

2 cdas. de alcaparras

1/2 taza de salvia fileteada finamente (salvia seca funciona como substituto)

2 cdas. de tomillo fresco (tomillo seco funciona como substituto)

2 cdas. de eneldo fresco picado finamente (eneldo seco funciona como substituto)

8 cdas. de mantequilla

2 limones verdes (limón amarillo funciona como substituto)

Sal

Pimienta blanca molida (pimienta negra molida funciona como substituto)

# SALPICÓN DE MARISCOS

Mi mamá amaba hacer este plato, desde obtener los productos más frescos, recién sacados del mar de ser posible, hasta preparar todo y compartirlo con familiares y amigos. Esta receta me conecta con mis raíces en la Isla de Margarita, de tiempos maravillosos en ese pedacito de paraíso en el planeta.

## Ingredientes

225 g (1/2 lb) de camarones crudos y pelados

225 g (1/2 lb) de calamares limpios (tubos y tentáculos)

340 g (3/4 lb) de tentáculos de pulpo crudo

24 almejas o guacucos limpios

24 mejillones limpios

1/2 taza de cebolla morada finamente fileteada verticalmente, desde una punta a la otra, tipo "émincé" (cebolla blanca o amarilla funciona como substituto)

1/2 taza de pimentón amarillo finamente fileteado (cualquier otro color de pimentón funciona como substituto)

1/2 taza de apio picado en dados finos

6 dientes de ajo picados finamente

2 cdas. de perejil fresco picado finamente (cilantro fresco funciona como substituto)

1/2 taza de aceite de oliva extra virgen

3 limones verdes (limón amarillo funciona como substituto)

2 cdtas. de salsa picante (opcional)

Sal

Pimienta negra molida (pimienta blanca molida funciona como substituto)

## Preparación

**1** En una olla mediana sobre fuego medio, colocar 4 tazas de agua y llevarlas a un hervor. Añadir el pulpo y 1 cdta. de sal, tapar la olla y cocinar por 45 minutos. Retirar el pulpo y sumergirlo en un bowl con suficiente agua y hielo. Una vez el pulpo esté frío, cortar los tentáculos en rodajas de 1.5 cm (1/2") de grosor, colocarlas en un recipiente y reservarlos en el refrigerador. Reservar el caldo donde el pulpo ha sido cocinado para usarlo en otras recetas.

**2** Cortar los tubos de calamares limpios en aros de 1.5 cm (1/2") de grosor, cortar las cabezas por la mitad y reservar. Cortar los camarones por la mitad (dejarlos enteros si son pequeños). En una olla mediana sobre fuego mediano, colocar 3 tazas de agua y llevarlas a un hervor. Añadir 1 cdta. de sal, los calamares y camarones picados, calentar hasta que el agua vuelva a hervir y cocinar por 3 minutos. Retirar los pedazos de camarones y calamares con una espumadera y sumergirlos en un bowl con suficiente agua con hielo. Una vez estén fríos, colocarlos en un recipiente y reservaros en el refrigerador.

**3** En la misma olla con el mismo caldo donde se cocinaron los calamares y camarones, cocinar hasta hervir y añadir las almejas o guacucos y los mejillones. Dejar cocinar hasta que los moluscos abran, lo cual ocurrirá luego de 1 minuto una vez el caldo vuelva a hervir. Descartar cualquiera que no haya abierto, ya que esto indica no ser apto para el consumo. Retirar los moluscos abiertos con una espumadera y colocarlos en un contenedor, enfriar por 5 minutos, retirar la carne de los moluscos y colocarlos en un contenedor en el refrigerador. Reservar el caldo donde se cocinaron estos productos del mar para otras recetas.

**4** En un bowl grande colocar
los trozos de pulpo, camarones
y calamares, añadir los mejillones
y almejas o guacucos, la cebolla,
apio, perejil y pimentón. Añadir
1/2 cdta. de sal y 1/2 cdta. de
pimienta negra molida. Exprimir
los limones encima del resto
de los ingredientes, añadir la salsa
picante y el aceite de oliva. Mezclar
todo utilizando una cuchara grande
de madera, asegurarse que todos
los ingredientes se incorporen bien
y crear un perfil de sabor
homogéneo en el salpicón. Probar
y añadir sal, pimienta o salsa picante
de ser necesario. Mantenerlo frío
dentro de la nevera antes de servir.
¡A disfrutarlos con excelente
compañía!

# TARTAR DE SALMÓN

4
PORCIONES

55min
TIEMPO DE PREPARACIÓN

0min
TIEMPO DE COCCIÓN

Notará una gran diferencia si realiza este delicioso plato utilizando salmón capturado en su estado natural en vez de salmón cultivado o de criadero. Para nosotros, cuando compramos salmón capturado en Alaska. ¡Nos llegan los recuerdos del viaje que nos llevó bien arriba, hasta el Círculo Ártico!

## Preparación

**1** Cortar los filetes de salmón sin piel ni espinas en dados de 0.6 cm (1/4''). Colocarlos en un bowl, añadir y mezclar 1 cdta. de sal y 1 cdta. de pimienta negra molida.

**2** Añadir los dados de pimentón, dados de cebolla, cebollín, alcaparras, salsa picante, eneldo, ciboulette y jengibre. Exprimir los limones y añadir el aceite de oliva extra virgen encima del resto de los ingredientes. Mezclar todo bien, asegurarse de crear un perfil de sabor homogéneo en todo el tartar. Probarlo y añadir sal y pimienta de ser necesario. Cubrir el bowl con un film plástico, colocarlo en el refrigerador y dejar marinar por 30 minutos. (Puede utilizar también un contenedor hermético). ¡Sé que será de su agrado!

## Ingredientes

680 g (1.5 lb) de salmón capturado en su estado natural, sin piel ni espinas.

1 taza de pimentón rojo picado en dados finos (pimentón de cualquier color funciona como substituto)

1 taza de cebolla morada picada en dados finos (cebolla blanca o amarilla funciona como substituto)

1/4 taza de cebollín picado en rodajas finas

4 cdas. de alcaparras

1 cdta. de salsa picante (opcional)

2 cdas. de eneldo fresco picado finamente (eneldo seco funciona como substituto)

2 cdas. de ciboulette fresco picado finamente (ciboulette seco funciona como substituto)

4 cdas. de aceite de oliva extra virgen

2 limones verdes (limón amarillo funciona como substituto)

2 cdtas. de jengibre molido

Sal

Pimienta negra molida (pimienta blanca molida funciona como substituto)

# TACOS DE PESCADO

Yo creo con firmeza que en una de mis vidas pasadas fui mexicano, realmente amo su comida y cultura culinaria milenaria. Paul y yo disfrutamos muchísimo nuestro viaje a Cancún, particularmente cuando visitamos las ruinas de Tulum. Esta receta colorida y deliciosa nos conectan con estos recuerdos y experiencias maravillosas.

### Ingredientes

450 g (1 lb) de filetes de pescado blanco sin espinas y sin piel (mero, bacalao, corvina o pargo)

1 taza de repollo blanco rallado

1/3 taza de repollo morado rallado

1/4 taza de zanahoria rallada

3 rábanos picados en rodajas finas

12 tortillas de maíz para tacos (tortillas de harina funciona como substituto)

1 taza de harina de trigo

1 taza de caldo de pollo (caldo de carne o vegetales funciona como substituto)

1/2 cdta. de polvo para hornear

2 cdas. de cilantro fresco picado finamente (cilantro seco funciona como substituto)

1 cda. de cebollín picado finamente

1 cdta. de pimentón seco molido (paprika) picante (paprika dulce funciona como substituto)

4 cdas. de crema agria

1 cda. de mayonesa

1 limón verde (limón amarillo funciona como substituto)

1 cda. de salsa picante (opcional)

2 dientes de ajo picados finamente

1 aguacate hass maduro

Aceite de maíz (cualquier otro aceite vegetal funciona como substituto, excepto aceite de oliva)

Sal

Pimienta blanca molida (pimienta negra molida funciona como substituto)

### Preparación

**1** Cortar los filetes de pescado en piezas de aproximadamente 5 cm x 1.3 cm x 1.3 cm (2'' x 1/2'' x 1/2''). Añadir sal y pimienta al gusto y reservarlos en un bowl aparte.

**2** En un bowl grande colocar la harina de trigo, polvo para hornear, pimentón seco molido picante, cilantro, cebollín y caldo de pollo. Mezclar todos los ingredientes bien hasta crear una mezcla homogénea para el rebozado. Dejarla reposar por 10 minutos.

**3** En un bowl adicional mezclar el repollo blanco, repollo morado y la zanahoria ralladas, mezclarlos bien para crear una base de ensalada de repollo. En un recipiente pequeño mezclar la crema agria, mayonesa, ajo, salsa picante, 1/2 cdta. de sal, 1/2 cdta. de pimienta blanca molida, exprimir el limón verde encima de todo y mezclar bien hasta crear una salsa blanca sazonada para los tacos.

**4** En un sartén profundo para freír o caldero, sobre fuego medio, colocar el aceite de maíz (o cualquier otro aceite vegetal distinto al de oliva) lo suficiente como para llenar 3/4 de la capacidad del caldero. Calentar por 4 minutos. Cubrir 4 o 5 piezas de pescado con la mezcla del rebozado y freírlas en el aceite caliente por 5 minutos, voltearlas de vez en cuando utilizando una espumadera, hasta dorarlas. Retirar las piezas y colocarlas en un bowl cubierto con toallas de papel absorbente. Repetir este paso hasta freír todas las piezas de pescado.

**5** Cortar el aguacate por la mitad, longitudinalmente, usando un cuchillo de chef. Girar cada mitad del aguacate, en direcciones opuestas, usando las manos y separarlas. Retirar la semilla de la mitad que la tiene todavía, clavando el filo del chuchillo de forma longitudinal y girándolo, la semilla deberá salir pegada al cuchillo. Usar una cuchara de metal para retirar la pulpa del aguacate de la cáscara de cada mitad y colocarlas sobre una tabla, cortar 6 rodajas de cada mitad para obtener un total de 12.

**6** Calentar las tortillas para tacos en una plancha de hierro fundido, lo puede hacer en un horno convencional o en el microondas. Colocar las tortillas calentadas en un plato o en una base para tacos, colocar un poquito de la ensalada de repollo en cada tortilla, dos o tres piezas de pescado frito, dos o tres rodajas de rábano y cubrirlo todo con una capa de la salsa blanca sazonada. Adornar cada taco con hojas de cilantro fresco y una rodaja de aguacate. ¡A disfrutarlos!!!

# POSTRES

"Creo que la vida consiste
en enamorarse de la persona adecuada,
ir de compras, comer nuestros postres favoritos
y viajar mucho"

Olivia Palermo - 2013

# QUESILLO DE PIÑA DE AMANDA

Esta receta está muy cercana a mi corazón. Aunque mi amada y extrañada Amanda Sánchez me enseñó a hacer este delicioso postre, a mí no me queda tan bueno como a ella. Yo creo que su amor incondicional es el ingrediente secreto que hace la diferencia, sin embargo, éste es un ejemplo de los maravillosos postres tradicionales venezolanos. ¡Querida Amanda, continúa cuidándonos cada día desde el cielo, te amo y te extraño con todo mi corazón!

| 16 | 2 hrs | 2 hrs |
|---|---|---|
| PORCIONES | TIEMPO DE PREPARACIÓN<br>+ 12 HRS. DE REFRIGERACIÓN | TIEMPO DE COCCIÓN |

## Ingredientes

1 piña de 1 kg aproximadamente (2 Lb)

12 huevos

4 tazas de azúcar

1 cdta. de extracto de vainilla

## Para el caramelo

1 taza de azúcar

1/2 taza de agua

## Preparación

**1** Pelar la piña y cortarla en cuartos. Cubrir un bowl grande con un paño de cocina limpio, rallar un cuarto de piña, utilizando los hoyos más grandes del rallador, sobre el paño de cocina. Exprimir el paño para obtener el jugo de piña. Repetir la operación con los cuartos de piña restantes, se deben obtener 4 tazas de jugo aproximadamente.

**2** En una olla mediana sobre fuego bajo, colocar el jugo de piña y las 4 tazas de azúcar, revolver hasta disolver en el jugo. Dejar que hierva y cocinar sin tapar por 40 minutos, revolviendo cada 10 minutos. Apagar el fuego y dejar enfriar el sirope de piña por lo menos 1 hora.

**3** En una olla pequeña sobre fuego medio-bajo, colocar 1 taza de azúcar y 1/2 taza de agua, revolver hasta disolver el azúcar en el agua, dejar hervir y cocinar por 10 a 12 minutos, hasta que el caramelo adquiera su color dorado oscuro, evitando quemarlo. Cubrir con el caramelo el fondo de una flanera o quesillera. (El fondo de una tortera de 22 cm x 7.6 cm -9'' x 3''- funciona como substituto)

**4** En un vaso de licuadora grande, romper los 12 huevos y licuar a alta velocidad por 1 minuto. Añadir el extracto de vainilla y el sirope de piña poco a poco mientras está licuando, una vez añadido todo el sirope, licuar por 30 segundos más y apagar la licuadora (Si el vaso de su licuadora no es lo suficientemente grande, dividir los ingredientes por la mitad y realizar este paso 2 veces)

**5** Colocar la mezcla licuada en la quesillera o envase previamente caramelizado y tápelo, si está utilizando una tortera, lo puede cubrir con papel de aluminio y sellarlo bien. Colocarlo en baño maría, en un contenedor refractario de vidrio (Pyrex) de 38 cm x 25 cm (15" x 10") dentro del horno a 180° C (350° F) por 2 horas. Para saber si el quesillo está listo, destapar el envase de cocción e inserte un cuchillo de mesa en el centro, si sale limpio o casi limpio, está listo.

**6** Sacar el quesillo del baño maría y dejarlo enfriar por 1 hora a temperatura ambiente. Refrigerar en la nevera por lo menos 12 horas. Sacarlo al menos 30 minutos previo al desmolde. Usar un cuchillo para separar el quesillo de las paredes del molde, cubrirlo un plato lo suficientemente grande, voltear rápidamente y golpear suavemente el tope para que baje el quesillo. Levantar el molde y permitir que el caramelo cubra el quesillo y el fondo del plato. ¡Sirva, comparta y disfrute!!!

# TRES LECHES

Alguna vez alguien nos dijo que este Tres Leches es "¡más bueno que tener sexo!". Aunque no podemos confirmar o negar esto, este es un postre que bien vale la pena hacerlo, compartirlo y saborearlo. Esta es la receta de mi mamá, a quien amo y extraño con locura. Me llena de orgullo compartirla con ustedes, para sentirlos parte de nuestra familia. Muchas gracias por hacer esto posible.

| 12 | 45min | 35min |
|----|-------|-------|
| PORCIONES | TIEMPO DE PREPARACIÓN + 12 HRS. DE REFRIGERACIÓN | TIEMPO DE COCCIÓN |

## Ingredientes

4 huevos

3/4 taza de azúcar

3/4 taza de harina de trigo

1/2 cdta. de polvo para hornear

2 cdtas. de extracto de vainilla

Ralladura de 1 limón verde o amarillo

1 lata de leche condensada de 410 ml (14 oz)

1 lata de leche evaporada de 350 ml (12 oz)

350 ml (12 oz) de crema de leche

2 Cdas. de ron (optional)

1/8 cdta. de sal

## Para el tope de merengue

4 claras de huevo

14 cdas. de azúcar

Ralladura de 1 limón verde o amarillo

## Preparación

**1** Separar las yemas de las claras de los 4 huevos, colocar las claras en un bowl grande, batirlas con una batidora de mano a alta velocidad hasta lograr el punto de nieve, añadir las yemas una por una y seguir batiendo hasta que todo esté bien mezclado. Continuar batiendo y añadir poco a poco el azúcar, luego añadir 1 cdta. de extracto de vainilla y la ralladura de 1 limón.

**2** En un bowl mediano, pasar la harina por un colador, añadir el polvo para hornear y la sal. Añadir esta mezcla de ingredientes secos poco a poco a la mezcla de ingrediente húmedos, utilizando la batidora en la velocidad más baja, la intención es incorporar los ingredientes secos sin batirlos demasiado.

**3** Engrasar y enharinar una tortera cuadrada de 22 cm x 22 cm (9" x 9"). Colocar la mezcla del bizcocho en la tortera y hornearla a 180° C (350 °F) por 30 minutos. Chequear que esté listo, insertando un cuchillo de mesa en el medio del bizcocho, si sale limpio indica que lo está.

**4** Cuando falten 5 minutos para completar la cocción del bizcocho en el horno, es el momento de hacer el baño de Tres Leches: colocar en el vaso de una licuadora la leche condensada, leche evaporada, crema de leche y 1 cdta. de extracto de vainilla. Licuar por 1 minuto, añadir el ron y continuar licuando por 1 minuto adicional. Cuando el bizcocho esté listo, sacarlo del horno y añadir el baño de Tres Leches cuando todavía el bizcocho esté caliente. Enfriar a temperatura ambiente por 1 hora, tapar con papel de aluminio y colocarlo dentro del refrigerador por lo menos 12 horas.

**5** Hacer el merengue al día siguiente.
En un bowl mediano colocar las
4 claras de huevo y mezclarlas con
una batidora de mano a alta velocidad,
hasta lograr el punto de nieve. Añadir
las 14 cdas. de azúcar una a una, con
intervalos de 30 segundos, batiendo
constantemente a alta velocidad.
Añadir la ralladura de limón y batir por
30 segundos más para incorporar todo.

**6** Retirar del refrigerador la tortera
con el bizcocho y el baño de Tres Leches
y colocar una capa gruesa y generosa
de merengue encima, puede crear puntas
o formas de decoración a su gusto,
puede también dorarlos utilizando
una antorcha de mano o el horno en su
función de dorado (broil). Puede también
decorar con ralladura de limón, pedazos
de caramelo o almendras fileteadas…
utilice su imaginación y creatividad.
¡Esperamos que lo disfruten mucho!

www.ingramcontent.com/pod-product-compliance
Lightning Source LLC
Chambersburg PA
CBHW042014080426
42735CB00002B/50